本书由北京财贸职业学院“贯通基础教育学院（朝阳校区）贯通项目基础教育阶段课程建设”项目资助，为该项目成果。

高端技术技能人才贯通培养项目

基 础 阶 段

语文

第三册

YUWEN

主编／李彦湄

知识产权出版社
全国百佳图书出版单位
—北京—

图书在版编目（CIP）数据

高端技术技能人才贯通培养项目基础阶段. 语文 第三册 / 李彦湄主编. — 北京：知识产权出版社,2022.12

ISBN 978-7-5130-8437-6

Ⅰ.①高… Ⅱ.①李… Ⅲ.①语文课—职业教育—教材 Ⅳ.①G634

中国版本图书馆CIP数据核字(2022)第205699号

内容提要：

本书由“直面人生”“珍惜和平”“人与自然”“悠悠商道”四个人文主题任务群组成，每个任务配备相应的语文学科综合实践活动。其中，“悠悠商道”为本书的特色任务群，收录《货殖列传》《食货志》等古代经济相关作品，可供财经、商贸专业学生及相关兴趣爱好者阅读学习。

责任编辑：王　辉　　**责任印制：**孙婷婷

高端技术技能人才贯通培养项目基础阶段语文（第三册）

GAODUAN JISHU JI'NENG RENCAI GUANTONG PEIYANG XIANGMU JICHU JIEDUAN YUWEN (DI-SAN CE)

李彦湄　主编

出版发行：知识产权出版社有限责任公司　　**网　址：**http://www.ipph.cn

http://www.laichushu.com

电　话：010－82004826

社　址：北京市海淀区气象路50号院　　**邮　编：**100081

责编电话：010－82000860转8381　　**责编邮箱：**laichushu@cnipr.com

发行电话：010－82000860转8101　　**发行传真：**010－82000893

印　刷：北京中献拓方科技发展有限公司　　**经　销：**新华书店、各大网上书店及相关专业书店

开　本：720mm×1000mm　1/16　　**印　张：**8.25

版　次：2022年12月第1版　　**印　次：**2022年12月第1次印刷

字　数：150千字　　**定　价：**42.00元

ISBN 978－7－5130－8437－6

编写人员名单

主　　编:李彦湄

副 主 编:王丛珊　左人吉　李　超　岳宗硕

编　　委:任潇潇　钟　蕾　李　岩　李晓芳

张　慧　李古月　韩冰凌　高嘉敏

目　录

任务群一　直面人生

单元导语

人生是一场漫长的旅途,在人生的道路上,不只有鲜花满途,也可能有荆棘遍布,不单沐浴和煦的阳光,也可能遭遇凌厉的风霜。直面人生,就是以坦然而从容的心态,乐观面对生活中的顺境与逆境,勇于挑战困难与挫折,追求心中的美好梦想。正如米兰·昆德拉所说:“永远不要认为我们可以逃避,我们的每一步都决定着最后的结局,我们的脚正在走向我们自己选定的终点。”

任务一　生活百相

学习任务

本任务内的篇目主要为戏剧、小说。在学习时，应注意：

1. 通过品读文章，体会作品中的离合悲欢，把握性格鲜活、秉性各异的人物形象。
2. 学习在叙事中摹写人物情感的方法。

1. 雷雨(节选)[1]

曹 禺[2]

午饭后,天气更阴沉,更郁热,低沉潮湿的空气,使人异常烦躁。

……

周朴园 (点着一支吕宋烟[3],看见桌上的雨衣,向侍萍)这是太太找出来的雨衣吗?

鲁侍萍 (看着他)大概是的。

周朴园 (拿起看看)不对,不对,这都是新的。我要我的旧雨衣,你回头跟太太说。

鲁侍萍 嗯。

周朴园 (看她不走)你不知道这间房子底下人不准随便进来吗?

鲁侍萍 (看着她)不知道,老爷。

周朴园 你是新来的下人?

鲁侍萍 不是的,我找我的女儿来的。

周朴园 你的女儿?

鲁侍萍 四凤是我的女儿。

周朴园 那你走错屋子了。

鲁侍萍 哦。——老爷没有事了?

周朴园 (指窗)窗户谁叫打开的?

鲁侍萍 哦。(很自然地走到窗前,关上窗户,慢慢地走向中门)

周朴园 (看她关好窗门,忽然觉得她很奇怪)你站一站。(侍萍停)你——你贵姓?

鲁侍萍 我姓鲁。

周朴园 姓鲁。你的口音不像北方人。

鲁侍萍 对了,我不是,我是江苏的。

---

❶ 选自《曹禺选集》,人民文学出版社2004年版。有改动。

❷ 曹禺(1910—1996),原名万家宝,现代戏剧作家。

❸ [吕宋烟]即雪茄烟,因菲律宾吕宋岛所产的质量好而得名。

周朴园 你好像有点无锡口音。

鲁侍萍 我自小就在无锡长大的。

周朴园 (沉思)无锡？嗯，无锡，(忽而)你在无锡是什么时候？

鲁侍萍 光绪二十年，离现在有三十多年了。

周朴园 哦，三十年前你在无锡？

鲁侍萍 是的，三十多年前呢，那时候我记得我们还没有用洋火呢。

周朴园 (沉思)三十多年前，是的，很远啦，我想想，我大概是二十多岁的时候。那时候我还在无锡呢。

鲁侍萍 老爷是那个地方的人？

周朴园 嗯，(沉吟)无锡是个好地方。

鲁侍萍 哦，好地方。

周朴园 你三十年前在无锡吗？

鲁侍萍 是，老爷。

周朴园 三十年前，在无锡有一件很出名的事情——

鲁侍萍 哦。

周朴园 你知道吗？

鲁侍萍 也许记得，不知道老爷说的是哪一件？

周朴园 哦，很远了，提起来大家都忘了。

鲁侍萍 说不定，也许记得的。

周朴园 我问过许多那个时候到过无锡的人，我也派人到无锡打听过。可是那个时候在无锡的人，到现在不是老了就是死了。活着的多半是不知道的，或者忘了。不过也许你会知道。三十年前在无锡有一家姓梅的。

鲁侍萍 姓梅的？

周朴园 梅家的一个年轻小姐，很贤惠，也很规矩。有一天夜里，忽然地投水死了。后来，后来，——你知道吗？

鲁侍萍 不敢说。

周朴园 哦。

鲁侍萍 我倒认识一个年轻的姑娘姓梅的。

周朴园 哦？你说说看。

鲁侍萍 可是她不是小姐，她也不贤惠，并且听说是不大规矩的。

周朴园　也许,也许你弄错了,不过你不妨说说看。

鲁侍萍　这个梅姑娘倒是有一天晚上跳的河,可是不是一个,她手里抱着一个刚生下三天的男孩。听人说她生前是不规矩的。

周朴园　(苦痛)哦!

鲁侍萍　她是个下等人,不很守本分的。听说她跟那时周公馆的少爷有点不清白,生了两个儿子。生了第二个,才过三天,忽然周少爷不要她了。大孩子就放在周公馆,刚生的孩子她抱在怀里,在年三十夜里投河死的。

周朴园　(汗涔涔[1]地)哦。

鲁侍萍　她不是小姐,她是无锡周公馆梅妈的女儿,她叫侍萍。

周朴园　(抬起头来)你姓什么?

鲁侍萍　我姓鲁,老爷。

周朴园　(喘出一口气,沉思地)侍萍,侍萍,对了。这个女孩子的尸首,说是有一个穷人见着埋了。你可以打听到她的坟在哪儿么?

鲁侍萍　老爷问这些闲事干什么?

周朴园　这个人跟我们有点亲戚。

鲁侍萍　亲戚?

周朴园　嗯,——我们想把她的坟墓修一修。

鲁侍萍　哦,——那用不着了。

周朴园　怎么?

鲁侍萍　这个人现在还活着。

周朴园　(惊愕)什么?

鲁侍萍　她没有死。

周朴园　她还在?不会吧?我看见她河边上的衣服,里面有她的绝命书。

鲁侍萍　不过她被一个慈善的人救活了。

周朴园　哦,救活啦?

鲁侍萍　以后无锡的人是没见着她,以为她那夜晚死了。

周朴园　那么,她呢?

鲁侍萍　一个人在外乡活着。

周朴园　那个小孩呢?

---

[1] [汗涔涔(cén)]汗水不断往下流的样子。

鲁侍萍　也活着。

周朴园　(忽然立起)你是谁?

鲁侍萍　我是这儿四凤的妈,老爷。

周朴园　哦。

鲁侍萍　她现在老了,嫁给一个下等人,又生了个女孩,境况很不好。

周朴园　你知道她现在在哪儿?

鲁侍萍　我前几天还见着她!

周朴园　什么?她就在这儿?此地?

鲁侍萍　嗯,就在此地。

周朴园　哦!

鲁侍萍　老爷,您想见一见她吗?

周朴园　(连忙)不,不,不用。

鲁侍萍　她的命很苦。离开了周家,周家少爷就娶了一位有钱有门第的小姐。她一个单身人,无亲无故,带着一个孩子在外乡,什么事都做:讨饭,缝衣服,当老妈子,在学校里伺候人。

周朴园　她为什么不再找到周家?

鲁侍萍　大概她是不愿意吧。为着她自己的孩子,她嫁过两次。

周朴园　嗯,以后她又嫁过两次。

鲁侍萍　嗯,都是很下等的人。她遇人都很不如意,老爷想帮一帮她吗?

周朴园　好,你先下去吧。

鲁侍萍　老爷,没有事了?(望着朴园,眼泪要涌出)老爷,您那雨衣,我怎么说?

周朴园　你去告诉四凤,叫她把我樟木箱子里那件旧雨衣拿出来,顺便把那箱子里的几件旧衬衣也捡出来。

鲁侍萍　旧衬衣?

周朴园　你告诉她在我那顶老的箱子里,纺绸的衬衣,没有领子的。

鲁侍萍　老爷那种绸衬衣不是一共有五件?您要哪一件?

周朴园　要哪一件?

鲁侍萍　不是有一件,在右袖襟上有个烧破的窟窿,后来用丝线绣成一朵梅花补上的?还有一件,——

周朴园　(惊愕)梅花?

鲁侍萍　旁边还绣着一个萍字。

周朴园　(徐徐立起)哦,你,你,你是——

鲁侍萍　我是从前伺候过老爷的下人。

周朴园　哦,侍萍!(低声)怎么,是你?

鲁侍萍　你自然想不到,侍萍的相貌有一天也会老得连你都不认识了。

周朴园不觉地望望柜上的相片,又望侍萍。半晌。

周朴园　(忽然严厉地)你来干什么?

鲁侍萍　不是我要来的。

周朴园　谁指使你来的?

鲁侍萍　(愤悲)命,不公平的命指使我来的!

周朴园　(冷冷地)三十年的工夫你还是找到这儿来了。

鲁侍萍　(怨愤)我没有找你,我没有找你,我以为你早死了。我今天没想到到这儿来,这是天要我在这儿又碰见你。

周朴园　你可以冷静点。现在你我都是有子女的人。如果你觉得心里有委屈,这么大年纪,我们先可以不必哭哭啼啼的。

鲁侍萍　哼,我的眼泪早哭干了,我没有委屈,我有的是恨,是悔,是三十年一天一天我自己受的苦。你大概已经忘了你做的事了!三十年前,过年三十的晚上我生下你的第二个儿子才三天,你为了要赶紧娶那位有钱有门第的小姐,你们逼着我冒着大雪出去,要我离开你们周家的门。

周朴园　从前的旧恩怨,过了几十年,又何必再提呢?

鲁侍萍　那是因为周大少爷一帆风顺,现在也是社会上的好人物。可是自从我被你们家赶出来以后,我没有死成,我把我的母亲可给气死了,我亲生的两个孩子你们家里逼着我留在你们家里。

周朴园　你的第二个孩子你不是已经抱走了吗?

鲁侍萍　那是你们老太太看着孩子快死了,才叫我带走的。(自语)哦,天哪,我觉得我像在做梦。

周朴园　我看过去的事不必再提起来吧。

鲁侍萍　我要提,我要提,我闷了三十年了!你结了婚,就搬了家,我以为这一辈子也见不着你了;谁知道我自己的孩子偏偏要跑到周家来,又做我从前在你们家里做过的事。

周朴园　怪不得四凤这样像你。

鲁侍萍　我伺候你，我的孩子再伺候你生的少爷们。这是我的报应，我的报应。

周朴园　你静一静。把脑子放清醒点。你不要以为我的心是死了，你以为一个人做了一件于心不忍的事就会忘了吗？你看这些家具都是你从前顶喜欢的东西，多少年我总是留着，为着纪念你。

鲁侍萍　（低头）哦。

周朴园　你的生日——四月十八——每年我总记得。一切都照着你是正式嫁过周家的人看，甚至于你因为生萍儿，受了病，总要关窗户，这些习惯我都保留着，为的是不忘你，弥补我的罪过。

鲁侍萍　（叹一口气）现在我们都是上了年纪的人，这些傻话请你也不必说了。

周朴园　那更好了。那么我们可以明明白白地谈一谈。

鲁侍萍　不过我觉得没有什么可谈的。

周朴园　话很多。我看你的性情好像没有大改，——鲁贵是个很不老实的人。

鲁侍萍　你不要怕。他永远不会知道的。

周朴园　那双方面都好。再有，我要问你的，你自己带走的儿子在哪儿？

鲁侍萍　他在你的矿上做工。

周朴园　我问，他现在在哪儿？

鲁侍萍　就在门房等着见你呢。

周朴园　什么？鲁大海？他！我的儿子？

鲁侍萍　就是他！他现在跟你完完全全是两样的人。

周朴园　（冷笑）这么说，我自己的骨肉在矿上鼓动罢工，反对我！

鲁侍萍　你不要以为他还会认你做父亲。

周朴园　（忽然）好！痛痛快快的！你现在要多少钱吧！

鲁侍萍　什么？

周朴园　留着你养老。

鲁侍萍　（苦笑）哼，你还以为我是故意来敲诈你，才来的么？

周朴园　也好，我们暂且不提这一层。那么，我先说我的意思。你听着，鲁贵我现在要辞退的，四凤也要回家。不过——

鲁侍萍　你不要怕，你以为我会用这种关系来敲诈你吗？你放心，我不会的。大后天我就带着四凤回到我原来的地方。这是一场梦，这地方我绝对不会再住下去。

周朴园　好得很,那么一切路费、用费,都归我担负。

鲁侍萍　什么?

周朴园　这于我的心也安一点。

鲁侍萍　你?(笑)三十年我一个人都过了,现在我反而要你的钱?

周朴园　好,好,好,那么,你现在要什么?

鲁侍萍　(停一停)我,我要点东西。

周朴园　什么?说吧。

鲁侍萍　(泪满眼)我——我——我只要见见我的萍儿。

周朴园　你想见他?

鲁侍萍　嗯,他在哪儿?

周朴园　他现在在楼上陪着他的母亲看病。我叫他,他就可以下来见你。不过是——(顿)他很大了,——(顿)并且他以为他母亲早就死了的。

鲁侍萍　哦,你以为我会哭哭啼啼地叫他认母亲吗?我不会那样傻的。我明白他的地位,他的教育,不容他承认这样的母亲。这些年我也学乖了,我只想看看他,他究竟是我生的孩子。你不要怕,我就是告诉他,白白地增加他的烦恼,他自己也不愿意认我的。

周朴园　那么,我们就这样解决了。我叫他下来,你看一看他,以后鲁家的人永远不许再到周家来。

鲁侍萍　好,我希望这一生不至于再见你。

周朴园　(由衣内取出支票,签好)很好,这是一张五千块钱的支票,你可以先拿去用。算是弥补我一点罪过。

侍萍接过支票,把它撕了。

周朴园　侍萍。

鲁侍萍　我这些年的苦不是你拿钱算得清的。

周朴园　可是你——

外面争吵声。大海的声音:"放开我,我要进去。"三四个男仆声:"不成,不成,老爷睡觉呢。"

周朴园　(走至中门)来人!(仆人由中门进)谁在吵?

仆　人　就是那个工人鲁大海!他不讲理,非见老爷不可。

周朴园　哦。(沉吟)那你就叫他进来吧。等一等,叫人到楼上请大少爷下来,我有话问他。

仆　人　是，老爷。（由中门下）

周朴园　（向侍萍）侍萍，你不要太固执。这一点钱你不收下，将来你会后悔的。

侍萍望着周朴园，一句话也不说。

仆人领大海进。大海站在左边，三四个仆人立一旁。

鲁大海　（见侍萍）妈，您还在这儿？

周朴园　（打量大海）你叫什么名字？

鲁大海　（大笑）董事长，您不要同我摆架子，您难道不知道我是谁吗？

周朴园　我只知道你是罢工闹得最凶的工人代表。

鲁大海　对了，一点儿也不错，所以才来拜望拜望您。

周朴园　你有什么事吧？

鲁大海　董事长当然知道我是为什么来的。

周朴园　（摇头）我不知道。

鲁大海　我们老远从矿上来，今天我又在您府上大门房里从厅上六点钟一直等到现在，我就是要问问董事长，对于我们工人的条件，究竟是答应不答应？

周朴园　哦，——那么，那三个代表呢？

鲁大海　我跟你说吧，他们现在正在联络旁的工会呢。

周朴园　哦，——他们没有告诉你旁的事情吗？

鲁大海　告诉不告诉于你没有关系。——我问你，你的意思，忽而软，忽而硬，究竟是怎么回事？

周萍由饭厅上，见有人，即想退回。

周朴园　（看周萍）不要走，萍儿！（望了一下侍萍）

周　萍　是，爸爸。

周朴园　（指身侧）萍儿，你站在这儿。（向大海）你这么只凭意气是不能交涉事情的。

鲁大海　哼，你们的手段，我都明白。你们这样拖延时候，不过是想去花钱收买少数不要脸的败类，暂时把我们骗在这儿。

周朴园　你的见地也不是没有道理。

鲁大海　可是你完全错了。我们这次罢工是团结的，有组织的，我们代表这次来，并不是来求你们。你听清楚，不求你们，你们答应就答应；不答应，我们一直罢工到底，我们知道你们不到两个月整个地就要关门的。

周朴园　你以为你们那些代表们,那些领袖们都可靠吗?

鲁大海　至少比你们只认识洋钱的结合要可靠得多。

周朴园　那么我给你一件东西看。

周朴园在桌上找电报,仆人递给他;此时周冲偷偷由左书房进,在旁谛听❶。

周朴园　(给大海电报)这是昨天从矿上来的电报。

鲁大海　(拿过去读)什么?他们又上工了。(放下电报)不会,不会。

周朴园　矿上的工人已经在昨天早上复工,你当代表的反而不知道吗?

鲁大海　(怒)怎么矿上警察开枪打死三十个工人就白打了吗?(笑起来)哼,这是假的,你们自己假作的电报来离间我们的,你们这种卑鄙无赖的行为!

周　萍　(忍不住)你是谁?敢在这儿胡说?

周朴园　没有你的话!(向大海)你就这样相信你那同来的几个代表吗?

鲁大海　你不用多说,我明白你这些话的用意。

周朴园　好,那我把那复工的合同给你瞧瞧。

鲁大海　(笑)你不要骗小孩子,复工的合同没有我们代表的签字是不生效力的。

周朴园　合同!

仆人进书房把合同拿给周朴园。

周朴园　你看,这是他们三个人签字的合同。

鲁大海　(看合同)什么?(慢慢地)他们三个人签了字?(伸手去拿,想仔细看一看)他们不告诉我,自己就签了字了?

周朴园　对了,傻小子,没有经验只会胡喊是不成的。

鲁大海　那三个代表呢?

周朴园　昨天晚车就回去了。

鲁大海　(如梦初醒)这三个没有骨头的东西!他们就把矿上的工人们卖了!哼,你们这些不要脸的董事长,你们的钱这次又灵了。

周　萍　(怒)你混账!

周朴园　不许多说话。(回头向大海)鲁大海,你现在没有资格跟我说话——矿上已经把你开除了。

鲁大海　开除了?!

❶[谛(dì)听]仔细听。

周　冲　爸爸,这是不公平的。

周朴园　(向周冲)你少多嘴,出去!

周冲愤然由中门下。

鲁大海　好,好。(切齿)你的手段我早就领教过只要你能弄钱,你什么都做得出来。你叫警察杀了矿上许多工人,你还——

周朴园　你胡说!

鲁侍萍　(至大海前)走吧,别说了。

鲁大海　哼,你的来历我都知道,你从前在哈尔滨包修江桥,故意叫江堤出险,——

周朴园　(厉声)下去!

仆人们　(拉大海)走!走!

鲁大海　你故意淹死了两千二百个小工,每一个小工的性命你扣三百块钱!姓周的,你发的是绝子绝孙的昧心财!你现在还——

周　萍　(冲向大海,打了他两个嘴巴)你这种混账东西!

大海还手,被仆人们拉住。

周　萍　打他!

鲁大海　(向周萍)你!

仆人们一齐打大海。大海流了血。

周朴园　(厉声)不要打人!

仆人们住手,仍拉住大海。

鲁大海　(挣扎)放开我,你们这一群强盗!

周　萍　(向仆人们)把他拉下去!

鲁侍萍　(大哭)这真是一群强盗!(走至周萍面前,抽咽)你是萍,……凭,——凭什么打我的儿子?

周　萍　你是谁?

鲁侍萍　我是你的——你打的这个人的妈。

鲁大海　妈,别理这东西,小心吃了他们的亏。

鲁侍萍　(呆呆地望着周萍的脸,又哭起来)大海,走吧,我们走吧!

大海为仆人们拥下,侍萍亦下。

思考与探究

1. 重点字词

汗涔涔　谛听

2. 本文选段成功塑造了周朴园、鲁侍萍、鲁大海等人物形象,请你分析他们的人物形象和性格特征是怎样的,并举出原文中的细节进行说明。

3. 作者在谈到《雷雨》的写作意图时说,《雷雨》是在“没有太阳的日子里的产物”。“那个时候,我是想反抗的。因陷于旧社会的昏暗、腐恶,我不甘模棱地活下去,所以我才拿起笔。《雷雨》是我的第一声呻吟,或许是一声呼喊。”(《曹禺选集·后记》)请结合你对《雷雨》的理解,谈谈以“雷雨”为题的作用,并分析这一作品寄寓了作者怎样的感情。

2. 祝　福[1]

鲁　迅

(一)

旧历的年底毕竟最像年底，村镇上不必说，就在天空中也显出将到新年的气象来。灰白色的沉重的晚云中间时时发出闪光，接着一声钝响[2]，是送灶[3]的爆竹；近处燃放的可就更强烈了，震耳的大音还没有息，空气里已经散满了幽微的火药香。我是正在这一夜回到我的故乡鲁镇的。虽说故乡，然而已没有家，所以只得暂寓在鲁四老爷的宅子里。他是我的本家，比我长一辈，应该称之曰“四叔”，是一个讲理学[4]的老监生[5]。他比先前并没有什么大改变，单是老了些，但也还未留胡子，一见面是寒暄，寒暄之后说我“胖了”，说我“胖了”之后即大骂其新党。但我知道，这并非借题在骂我：因为他所骂的还是康有为。但是，谈话是总不投机的了，于是不多久，我便一个人剩在书房里。

第二天我起得很迟，午饭之后，出去看了几个本家和朋友；第三天也照样。他们也都没有什么大改变，单是老了些；家中却一律忙，都在准备着“祝福”。这是鲁镇年终的大典，致敬尽礼，迎接福神，拜求来年一年中的好运气的。杀鸡，宰鹅，买猪肉，用心细细的洗，女人的臂膊都在水里浸得通红，有的还带着绞丝银镯子。煮熟之后，横七竖八的插些筷子在这类东西上，可就称为“福礼”了，五更天陈列起来，并且点上香烛，恭请福神们来享用；拜的却只限于男人，拜完自然仍然是放爆竹。年年如此，家家如此，——只要买得起福礼和爆竹之类的，——今年自然也如此。天色愈阴暗了，下午竟下起雪来，雪花大的有梅花那么大，满天飞舞，夹着烟霭和忙碌的气色，将鲁镇乱成一团糟。我回到四叔的书房里时，瓦楞上已经雪白，房里也映得较光明，极分明的显出壁

---

❶ 选自《鲁迅全集》第2卷，人民文学出版社2005年版。鲁迅(1881—1936)，原名周樟寿，字豫才，后名树人，浙江绍兴人，中国现代作家、思想家。作品有《呐喊》《彷徨》等。

❷［钝响］沉闷的响声。

❸［送灶］旧俗以农历十二月二十四日为灶神升天奏事的日子，在这天或前一天祭送灶神，叫“送灶”。

❹［理学］又称“道学”，是宋代周敦颐、程颢、程颐、朱熹等人阐释儒家学说而形成的思想体系。它认为“理”是宇宙的本体，把“三纲五常”等封建伦理道德说成是“天理”，提出“存天理，灭人欲”的主张。

❺［监(jiàn)生］国子监生员的简称，指明清两代在国子监(我国封建时代的中央最高学府)读书的人。清代乾隆以后，国子监只存空名，地主豪绅可以凭祖先“功业”或捐钱取得监生资格。

上挂着的朱拓[1]的大“壽”字,陈抟老祖[2]写的,一边的对联已经脱落,松松的卷了放在长桌上,一边的还在,道是“事理通达心气和平[3]”。我又无聊赖的到窗下的案头去一翻,只见一堆似乎未必完全的《康熙字典》,一部《近思录集注》和一部《四书衬》[4]。无论如何,我明天决计要走了。

况且,一想到昨天遇见祥林嫂的事,也就使我不能安住。那是下午,我到镇的东头访过一个朋友,走出来,就在河边遇见她;而且见她瞪着的眼睛的视线,就知道明明是向我走来的。我这回在鲁镇所见的人们中,改变之大,可以说无过于她的了:五年前的花白的头发,即今已经全白,全不像四十上下的人;脸上瘦削不堪,黄中带黑,而且消尽了先前悲哀的神色,仿佛是木刻似的;只有那眼珠间或一轮[5],还可以表示她是一个活物。她一手提着竹篮。内中一个破碗,空的;一手拄着一支比她更长的竹竿,下端开了裂:她分明已经纯乎是一个乞丐了。

我就站住,豫备[6]她来讨钱。

“你回来了?”她先这样问。

“是的。”

“这正好。你是识字的,又是出门人,见识得多。我正要问你一件事——”她那没有精采的眼睛忽然发光了。

我万料不到她却说出这样的话来,诧异的站着。

“就是——”她走近两步,放低了声音,极秘密似的切切的说,“一个人死了之后,究竟有没有魂灵的?”

我很悚然,一见她的眼钉[7]着我的,背上也就遭了芒刺一般,比在学校里遇到不及

---

❶[朱拓(tà)]用银朱等红颜料从碑刻上拓印下的文字或图形。

❷[陈抟(tuán)老祖(?—989)]五代宋初道士,亳州真源(今河南鹿邑)人。后唐长兴年间举进士不第,先后隐居武当山和华山修道。后人把他附会为“神仙”。

❸[事理通达心气和平]语出朱熹《论语集注》。朱熹在《季氏》篇“不学诗,无以言”下作注云:“事理通达而心气和平,故能言。”意思是说,理解了孔孟之道,待人接物就能通情达理,心平气和。这是理学家所宣扬的自我修养的标准。

❹[《四书衬》]清代骆培解说“四书”的一部书。宋代朱熹抽取《礼记》中的《大学》《中庸》两篇和《论语》《孟子》编在一起,称为“四书”。

❺[间(jiàn)或一轮]偶尔转动一下。

❻[豫备]现在写作“预备”。下文“豫防”“豫感”,现在写作“预防”“预感”。

❼[钉]现在一般写作“盯”。

豫防的临时考，教师又偏是站在身旁的时候，惶急得多了。对于魂灵的有无，我自己是向来毫不介意的；但在此刻，怎样回答她好呢？我在极短期的踌躕[1]中，想，这里的人照例相信鬼，然而她，却疑惑了，——或者不如说希望：希望其有，又希望其无……。人何必增添末路的人的苦恼，为她起见，不如说有罢。

“也许有罢，——我想。”我于是吞吞吐吐的说。

“那么，也就有地狱了？”

“阿！地狱？”我很吃惊，只得支梧[2]着，“地狱？——论理，就该也有。——然而也未必，……谁来管这等事……。”

“那么，死掉的一家的人，都能见面的？”

“唉唉，见面不见面呢？……”这时我已知道自己也还是完全一个愚人，什么踌躕，什么计画[3]，都挡不住三句问。我即刻胆怯起来了，便想全翻过先前的话来，“那是，……实在，我说不清……。其实，究竟有没有魂灵，我也说不清。”

我乘她不再紧接的问，迈开步便走，匆匆的逃回四叔的家中，心里很觉得不安逸。自己想，我这答话怕于她有些危险。她大约因为在别人的祝福时候，感到自身的寂寞了，然而会不会含有别的什么意思的呢？——或者是有了什么豫感了？倘有别的意思，又因此发生别的事，则我的答话委实该负若干的责任……。但随后也就自笑，觉得偶尔的事，本没有什么深意义，而我偏要细细推敲，正无怪教育家要说是生着神经病；而况明明说过“说不清”，已经推翻了答话的全局，即使发生什么事，于我也毫无关系了。

“说不清”是一句极有用的话。不更事的勇敢的少年，往往敢于给人解决疑问，选定医生，万一结果不佳，大抵反成了怨府[4]，然而一用这说不清来作结束，便事事逍遥自在了。我在这时，更感到这一句话的必要，即使和讨饭的女人说话，也是万不可省的。

但是我总觉得不安，过了一夜，也仍然时时记忆起来，仿佛怀着什么不祥的豫感；在阴沉的雪天里，在无聊的书房里，这不安愈加强烈了。不如走罢，明天进城去。福兴楼的清炖鱼翅，一元一大盘，价廉物美，现在不知增价了否？往日同游的朋友，虽然已经云散，然而鱼翅是不可不吃的，即使只有我一个……。无论如何，我明天决计要走了。

---

❶［踌躕］犹豫。也作“踌躇”。

❷［支梧］用含混的话搪塞。现在写作“支吾”。

❸［计画］现在写作“计划”。

❹［怨府］怨恨集中的所在。这里指埋怨的对象。

我因为常见些但愿不如所料,以为未毕竟如所料的事,却每每恰如所料的起来,所以很恐怕这事也一律。果然,特别的情形开始了。傍晚,我竟听到有些人聚在内室里谈话,仿佛议论什么事似的,但不一会,说话声也就止了,只有四叔且走而且高声的说:"不早不迟,偏偏要在这时候——这就可见是一个谬种[1]!"

我先是诧异,接着是很不安,似乎这话于我有关系。试望门外,谁也没有。好容易待到晚饭前他们的短工来冲茶,我才得了打听消息的机会。

"刚才,四老爷和谁生气呢?"我问。

"还不是和祥林嫂?"那短工简捷的说。

"祥林嫂?怎么了?"我又赶紧的问。

"老了。"

"死了?"我的心突然紧缩,几乎跳起来,脸上大约也变了色,但他始终没有抬头,所以全不觉。我也就镇定了自己,接着问:"什么时候死的?"

"什么时候?——昨天夜里,或者就是今天罢。——我说不清。"

"怎么死的?"

"怎么死的?——还不是穷死的?"他淡然的回答,仍然没有抬头向我看,出去了。

然而我的惊惶却不过暂时的事,随着就觉得要来的事,已经过去,并不必仰仗我自己的"说不清"和他之所谓"穷死的"的宽慰,心地已经渐渐轻松;不过偶然之间,还似乎有些负疚。晚饭摆出来了,四叔俨然的陪着。我也还想打听些关于祥林嫂的消息,但知道他虽然读过"鬼神者二气之良能也[2]",而忌讳仍然极多,当临近祝福时候,是万不可提起死亡疾病之类的话的;倘不得已,就该用一种替代的隐语[3],可惜我又不知道,因此屡次想问,而终于中止了。我从他俨然的脸色上,又忽而疑他正以为我不早不迟,偏要在这时候来打搅他,也是一个谬种,便立刻告诉他明天要离开鲁镇,进城去,趁早放宽了他的心。他也不很留。这样闷闷的吃完了一餐饭。

冬季日短,又是雪天,夜色早已笼罩了全市镇。人们都在灯下匆忙,但窗外很寂静。雪花落在积得厚厚的雪褥上面,听去似乎瑟瑟有声,使人更加感得沉寂。我独坐

---

❶[谬种]坏东西。

❷[鬼神者二气之良能也]语出宋代张载《张子正蒙·太和》,也见《近思录》。意思是说,鬼神是阴阳二气自然变化而成的。良能,生来就具有的能力。

❸[隐语]为了避讳,不明确说出要说的意思,而借用别的话来表示。如用"老了"代替"死了",就是隐语。

在发黄的菜油灯下，想，这百无聊赖的祥林嫂，被人们弃在尘芥堆[1]中的，看得厌倦了的陈旧的玩物，先前还将形骸露在尘芥里，从活得有趣的人们看来，恐怕要怪讶她何以还要存在，现在总算被无常[2]打扫得干干净净了。魂灵的有无，我不知道；然而在现世，则无聊生者不生，即使厌见者不见，为人为己，也还都不错[3]。我静听着窗外似乎瑟瑟作响的雪花声，一面想，反而渐渐的舒畅起来。

然而先前所见所闻的她的半生事迹的断片，至此也联成一片了。

（二）

她不是鲁镇人。有一年的冬初，四叔家里要换女工，做中人[4]的卫老婆子带她进来了，头上扎着白头绳，乌裙，蓝夹袄，月白[5]背心，年纪大约二十六七，脸色青黄，但两颊却还是红的。卫老婆子叫她祥林嫂，说是自己母家的邻舍，死了当家人，所以出来做工了。四叔皱了皱眉，四婶已经知道了他的意思，是在讨厌她是一个寡妇。但是她模样还周正，手脚都壮大，又只是顺着眼，不开一句口，很像一个安分耐劳的人，便不管四叔的皱眉，将她留下了。试工期内，她整天的做，似乎闲着就无聊，又有力，简直抵得过一个男子，所以第三天就定局，每月工钱五百文。

大家都叫她祥林嫂；没问她姓什么，但中人是卫家山人，既说是邻居，那大概也就姓卫了。她不很爱说话，别人问了才回答，答的也不多。直到十几天之后，这才陆续的知道她家里还有严厉的婆婆；一个小叔子，十多岁，能打柴了；她是春天没了丈夫的；他本来也打柴为生，比她小十岁：大家所知道的就只是这一点。

日子很快的过去了，她的做工却丝毫没有懈，食物不论，力气是不惜的。人们都说鲁四老爷家里雇着了女工，实在比勤快的男人还勤快。到年底，扫尘，洗地，杀鸡，宰鹅，彻夜的煮福礼，全是一人担当，竟没有添短工。然而她反满足，口角边渐渐的有了笑影，脸上也白胖了。

新年才过，她从河边淘米回来时，忽而失了色，说刚才远远地看见一个男人在对岸徘徊，很像夫家的堂伯，恐怕是正在寻她而来的。四婶很惊疑，打听底细，她又不说。

---

❶［尘芥堆］垃圾堆。芥，小草。

❷［无常］佛教用语，原指世间一切事物都处在生起、变异、毁灭的过程中，后引申为死的意思。

❸［然而在现世……也还都不错］意思是然而在现在这样的人世间，无所依靠而活不下去的人，不如干脆死去，使讨厌见他的人不再见到他，这对别人或对他自己，也还都不错。这是“我”的愤激而沉痛的反语。

❹［中人］为双方介绍买卖、调解纠纷等，并做见证的中间人。

❺［月白］浅蓝色，接近白色。

四叔一知道,就皱一皱眉,道:

“这不好。恐怕她是逃出来的。”

她诚然是逃出来的,不多久,这推想就证实了。

此后大约十几天,大家正已渐渐忘却了先前的事,卫老婆子忽而带了一个三十多岁的女人进来了,说那是祥林嫂的婆婆。那女人虽是山里人模样,然而应酬很从容,说话也能干,寒暄之后,就赔罪,说她特来叫她的儿媳回家去,因为开春事务忙,而家中只有老的和小的,人手不够了。

“既是她的婆婆要她回去,那有什么话可说呢。”四叔说。

于是算清了工钱,一共一千七百五十文,她全存在主人家,一文也还没有用,便都交给她的婆婆。那女人又取了衣服,道过谢,出去了。其时已经是正午。

“阿呀,米呢?祥林嫂不是去淘米的么?……”好一会,四婶这才惊叫起来。她大约有些饿,记得午饭了。

于是大家分头寻淘箩❶。她先到厨下,次到堂前,后到卧房,全不见淘箩的影子。四叔踱出门外,也不见,直到河边,才见平平正正的放在岸上,旁边还有一株菜。

看见的人报告说,河里面上午就泊了一只白篷船,篷是全盖起来的,不知道什么人在里面,但事前也没有人去理会他。待到祥林嫂出来淘米,刚刚要跪下去,那船里便突然跳出两个男人来,像是山里人,一个抱住她,一个帮着,拖进船去了。祥林嫂还哭喊了几声,此后便再没有什么声息,大约给用什么堵住了罢。接着就走上两个女人来,一个不认识,一个就是卫老婆子。窥探舱里,不很分明,她像是捆了躺在船板上。

“可恶!然而……。”四叔说。

这一天是四婶自己煮中饭;他们的儿子阿牛烧火。

午饭之后,卫老婆子又来了。

“可恶!”四叔说。

“你是什么意思?亏你还会再来见我们。”四婶洗着碗,一见面就愤愤的说,“你自己荐她来,又合伙劫她去,闹得沸反盈天❷的,大家看了成个什么样子?你拿我们家里开玩笑么?”

“阿呀阿呀,我真上当。我这回,就是为此特地来说说清楚的。她来求我荐地方,我那里料得到是瞒着她的婆婆的呢。对不起,四老爷,四太太。总是我老发昏不小心,

---

❶[淘箩]用竹篾编成的淘米用具。

❷[沸反盈天]形容人声喧嚣杂乱。沸反,像沸水一样翻腾。盈,满。

对不起主顾。幸而府上是向来宽洪大量，不肯和小人计较的。这回我一定荐一个好的来折罪[1]……。”

“然而……。”四叔说。

于是祥林嫂事件便告终结，不久也就忘却了。

（三）

只有四婶，因为后来雇用的女工，大抵非懒即馋，或者馋而且懒，左右不如意，所以也还提起祥林嫂。每当这些时候，她往往自言自语的说：“她现在不知道怎么样了？”意思是希望她再来。但到第二年的新正[2]，她也就绝了望。

新正将尽，卫老婆子来拜年了，已经喝得醉醺醺的，自说因为回了一趟卫家山的娘家，住下几天，所以来得迟了。她们问答之间，自然就谈到祥林嫂。

“她么？”卫若婆子高兴的说，“现在是交了好运了。她婆婆来抓她回去的时候，是早已许给了贺家墺的贺老六的，所以回家之后不几天，也就装在花轿里抬去了。”

“阿呀，这样的婆婆！……”四婶惊奇的说。

“阿呀，我的太太！你真是大户人家的太太的话。我们山里人，小户人家，这算得什么？她有小叔子，也得娶老婆。不嫁了她，那有这一注钱来做聘礼？他的婆婆倒是精明强干的女人呵，很有打算，所以就将她嫁到里山[3]去。倘许给本村人，财礼就不多；惟独肯嫁进深山野墺里去的女人少，所以她就到手了八十千[4]。现在第二个儿子的媳妇也娶进了，财礼只花了五十，除去办喜事的费用，还剩十多千。吓[5]，你看，这多么好打算？……”

“祥林嫂竟肯依？……”

“这有什么依不依。——闹是谁也总要闹一闹的；只要用绳子一捆，塞在花轿里，抬到男家，捺上花冠，拜堂，关上房门，就完事了。可是祥林嫂真出格，听说那时实在闹得利害[6]，大家还都说大约因为在念书人家做过事，所以与众不同呢。太太，我们见得

---

❶［折罪］抵罪、赎罪。

❷［新正（zhēng）］农历新年正月。

❸［里山］深山里面。

❹［八十千］即八十吊钱。旧时称钱一千文为一贯、一吊或一串。

❺［吓（hè）］叹词，表示赞叹。

❻［利害］现在写作“厉害”。

多了:回头人[1]出嫁,哭喊的也有,说要寻死觅活的也有,抬到男家闹得拜不成天地的也有,连花烛都砸了的也有。祥林嫂可是异乎寻常,他们说她一路只是嚎,骂,抬到贺家墺,喉咙已经全哑了。拉出轿来,两个男人和她的小叔子使劲的擒住她也还拜不成天地。他们一不小心,一松手,阿呀,阿弥陀佛,她就一头撞在香案角上,头上碰了一个大窟窿,鲜血直流,用了两把香灰,包上两块红布还止不住血呢。直到七手八脚的将她和男人反关在新房里,还是骂,阿呀呀,这真是……。”她摇一摇头,顺下眼睛,不说了。

“后来怎么样呢?”四婶还问。

“听说第二天也没有起来。”她抬起眼来说。

“后来呢?”

“后来?——起来了。她到年底就生了一个孩子,男的,新年就两岁了。我在娘家这几天,就有人到贺家墺去,回来说看见他们娘儿俩,母亲也胖,儿子也胖;上头又没有婆婆;男人所有的是力气,会做活;房子是自家的。——唉唉,她真是交了好运了。”

从此之后,四婶也就不再提起祥林嫂。

(四)

但有一年的秋季,大约是得到祥林嫂好运的消息之后的又过了两个新年,她竟又站在四叔家的堂前了。桌上放着一个荸荠式的圆篮,檐下一个小铺盖。她仍然头上扎着白头绳,乌裙,蓝夹袄,月白背心,脸色青黄,只是两颊上已经消失了血色,顺着眼,眼角上带些泪痕,眼光也没有先前那样精神了。而且仍然是卫老婆子领着,显出慈悲模样,絮絮的对四婶说:

“……这实在是叫作‘天有不测风云’,她的男人是坚实人,谁知道年纪青青,就会断送在伤寒上?本来已经好了的,吃了一碗冷饭,复发了。幸亏有儿子;她又能做,打柴摘茶养蚕都来得,本来还可以守着,谁知道那孩子又会给狼衔去的呢?春天快完了,村上倒反来了狼,谁料到?现在她只剩了一个光身了。大伯来收屋,又赶她。她真是走投无路了,只好来求老主人。好在她现在已经再没有什么牵挂,太太家里又凑巧要换人,所以我就领她来。——我想,熟门熟路,比生手实在好得多……。”

“我真傻,真的,”祥林嫂抬起她没有神采的眼睛来,接着说。“我单知道下雪的时候野兽在山墺里没有食吃,会到村里来;我不知道春天也会有。我一清早起来就开了门,拿小篮盛了一篮豆,叫我们的阿毛坐在门槛上剥豆去。他是很听话的,我的话句句听;

[1] [回头人]指再嫁的寡妇。

他出去了。我就在屋后劈柴，淘米，米下了锅，要蒸豆。我叫阿毛，没有应，出去一看，只见豆撒得一地，没有我们的阿毛了。他是不到别家去玩的；各处去一问，果然没有。我急了，央人出去寻。直到下半天，寻来寻去寻到山坳里，看见刺柴上桂着一只他的小鞋。大家都说，糟了，怕是遭了狼了。再进去；他果然躺在草窠里，肚里的五脏已经都给吃空了，手上还紧紧的捏着那只小篮呢。……”她接着但是呜咽，说不出成句的话来。

四婶起刻还踌蹰，待到听完她自己的话，眼圈就有些红了。她想了一想，便教拿圆篮和铺盖到下房去。卫老婆子仿佛卸了一肩重担似的嘘一口气；祥林嫂比初来时候神气舒畅些，不待指引，自己驯熟❶的安放了铺盖。她从此又在鲁镇做女工了。

大家仍然叫她祥林嫂。

然而这一回，她的境遇却改变得非常大。上工之后的两三天，主人们就觉得她手脚已没有先前一样灵活，记性也坏得多，死尸似的脸上又整日没有笑影，四婶的口气上，已颇有些不满了。当她初到的时候，四叔虽然照例皱过眉，但鉴于向来雇用女工之难，也就并不大反对，只是暗暗地告诫四婶说，这种人虽然似乎很可怜，但是败坏风俗的，用她帮忙还可以，祭祀时候可用不着她沾手，一切饭菜，只好自己做，否则，不干不净，祖宗是不吃的。

四叔家里最重大的事件是祭祀，祥林嫂先前最忙的时候也就是祭祀，这回她却清闲了。桌子放在堂中央，系上桌帏❷，她还记得照旧的去分配酒杯和筷子。

“祥林嫂，你放着罢！我来摆。”四婶慌忙的说。

她讪讪❸的缩了手，又去取烛台。

“祥林嫂，你放着罢！我来拿。”四婶又慌忙的说。

她转了几个圆圈，终于没有事情做，只得疑惑的走开。她在这一天可做的事是不过坐在灶下烧火。

镇上的人们也仍然叫她祥林嫂，但音调和先前很不同；也还和她讲话，但笑容却冷冷的了。她全不理会那些事，只是直着眼睛，和大家讲她自己日夜不忘的故事：

“我真傻，真的，”她说，“我单知道雪天是野兽在深山里没有食吃，会到村里来；我不知道春天也会有。我一大早起来就开了门，拿小篮盛了一篮豆，叫我们的阿毛坐在

---

❶［驯熟］很熟悉。

❷［桌帏（wéi）］办婚丧事或祭祀时，悬挂在桌子前面用来遮挡的东西，多用布或绸缎制成。

❸［讪讪（shànshàn）］难为情的样子。

门槛上剥豆去。他是很听话的孩子,我的话句句听;他就出去了。我就在屋后劈柴,淘米,米下了锅,打算蒸豆。我叫,'阿毛!'没有应。出去一看,只见豆撒得满地,没有我们的阿毛了。各处去一问,都没有。我急了,央人去寻去。直到下半天,几个人寻到山坳里,看见刺柴上挂着一只他的小鞋。大家都说,完了,怕是遭了狼了。再进去;果然,他躺在草窠里,肚里的五脏已经都给吃空了,可怜他手里还紧紧的捏着那只小篮呢。……"她于是淌下眼泪来,声音也呜咽了。

这故事倒颇有效,男人听到这里,往往敛起笑容,没趣的走了开去;女人们却不独宽恕了她似的,脸上立刻改换了鄙薄的神气,还要陪出许多眼泪来。有些老女人没有在街头听到她的话,便特意寻来,要听她这一段悲惨的故事。直到她说到呜咽,她们也就一齐流下那停在眼角上的眼泪,叹息一番,满足的去了,一面还纷纷的评论着。

她就只是反复的向人说她悲惨的故事,常常引住了三五个人来听她。但不久,大家也都听得纯熟了,便是最慈悲的念佛的老太太们,眼里也再不见有一点泪的痕迹。后来全镇的人们几乎都能背诵她的话,一听到就烦厌得头痛。

"我真傻,真的,"她开首说。

"是的,你是单知道雪天野兽在深山里没有食吃,才会到村里来的。"他们立即打断她的话,走开去了。

她张着口怔怔的站着,直着眼睛看他们,接着也就走了,似乎自己也觉得没趣。但她还妄想,希图从别的事,如小篮,豆,别人的孩子上,引出她的阿毛的故事来。倘一看见两三岁的小孩子,她就说:

"唉唉,我们的阿毛如果还在,也就有这么大了……"

孩子看见她的眼光就吃惊,牵着母亲的衣襟催她走。于是又只剩下她一个,终于没趣的也走了,后来大家又都知道了她的脾气,只要有孩子在眼前,便似笑非笑的先问她,道:

"祥林嫂,你们的阿毛如果还在,不是也就有这么大了么?"

她未必知道她的悲哀经大家咀嚼赏鉴了许多天,早已成为渣滓,只值得烦厌和唾弃;但从人们的笑影上,也仿佛觉得这又冷又尖,自己再没有开口的必要了。她单是一瞥他们,并不回答一句话。

鲁镇永远是过新年,腊月二十以后就忙起来了。四叔家里这回须雇男短工,还是忙不过来,另叫柳妈做帮手,杀鸡,宰鹅;然而柳妈是善女人[1],吃素,不杀生的,只肯洗

---

[1] [善女人]佛教用语,指吃斋念佛的女人。

器皿。祥林嫂除烧火之外，没有别的事，却闲着了，坐着只看柳妈洗器皿。微雪点点的下来了。

“唉唉，我真傻，”祥林嫂看了天空，叹息着，独语似的说。

“祥林嫂，你又来了。”柳妈不耐烦的看着她的脸，说。“我问你：你额角上的伤痕，不就是那时撞坏的么？”

“唔唔。”她含胡❶的回答。

“我问你：你那时怎么后来竟依了呢？”

“我么？……”

“你呀。我想：这总是你自己愿意了，不然……。”

“阿阿，你不知道他力气多么大呀。”

“我不信。我不信你这么大的力气，真会拗他不过❷。你后来一定是自己肯了，倒推说他力气大。”

“阿阿，你……你倒自己试试看。”她笑了。

柳妈的打皱的脸也笑起来，使她蹙缩❸得像一个核桃，干枯的小眼睛一看祥林嫂的额角；又钉住她的眼。祥林嫂似乎很局促了，立刻敛了笑容，旋转眼光，自去看雪花。

“祥林嫂，你实在不合算。”柳妈诡秘的说，“再一强❹，或者索性撞一个死，就好了。现在呢，你和你的第二个男人过活不到两年，倒落了一件大罪名。你想，你将来到阴司❺去，那两个死鬼的男人还要争，你给了谁好呢？阎罗大王只好把你锯开来，分给他们。我想，这真是……”

她脸上就显出恐怖的神色来，这是在山村里所未曾知道的。

“我想，你不如及早抵当。你到土地庙里去捐一条门槛，当作你的替身❻，给千人踏，万人跨，赎了这一世的罪名，免得死了去受苦。”

她当时并不回答什么话，但大约非常苦闷了，第二天早上起来的时候，两眼上便都

---

❶［含胡］现在写作“含糊”。

❷［拗(niù)他不过］无法改变他坚决的态度。

❸［蹙(cù)缩］皱缩。

❹［强(jiàng)］固执，不听劝导。

❺［阴司］指阴间。

❻［替身］旧时迷信的人认为人死后到阴间还有鬼魂，人活着时有什么罪，可以用人或物代替赎罪，这人或物叫作替身。

围着大黑圈。早饭之后,她便到镇的西头的土地庙里去求捐门槛,庙祝[1]起初执意不允许,直到她急得流泪,才勉强答应了。价目是大钱十二千。

她久已不和人们交口,因为阿毛的故事是早被大家厌弃了的;但自从和柳妈谈了天,似乎又即传扬开去,许多人都发生了新趣味,又来逗她说话了。至于题目,那自然是换了一个新样,专在她额上的伤疤。

"祥林嫂,我问你:你那时怎么竟肯了?"一个说。

"唉,可惜,白撞了这一下。"一个看着她的疤,应和道。

她大约从他们的笑容和声调上,也知道是在嘲笑她,所以总是瞪着眼睛,不说一句话,后来连头也不回了。她整日紧闭了嘴唇,头上带着大家以为耻辱的记号的那伤痕,默默的跑街,扫地,洗菜,淘米。快够一年,她才从四婶手里支取了历来积存的工钱,换算了十二元鹰洋[2],请假到镇的西头去。但不到一顿饭时候,她便回来,神气很舒畅,眼光也分外有神,高兴似的对四婶说,自己已经在土地庙捐了门槛了。

冬至的祭祖时节,她做得更出力,看四婶装好祭品,和阿牛将桌子抬到堂屋中央,她便坦然的去拿酒杯和筷子。

"你放着罢,祥林嫂!"四婶慌忙大声说。

她像是受了炮烙[3]似的缩手,脸色同时变作灰黑,也不再去取烛台,只是失神的站着。直到四叔上香的时候,教她走开,她才走开。这一回她的变化非常大,第二天,不但眼睛窈陷[4]下去,连精神也更不济了。而且很胆怯,不独怕暗夜,怕黑影,即使看见人,虽是自己的主人,也总惴惴的,有如在白天出穴游行的小鼠;否则呆坐着,直是一个木偶人。不半年,头发也花白起来了,记性尤其坏,甚而至于常常忘却了去淘米。

"祥林嫂怎么这样了?倒不如那时不留她。"四婶有时当面就这样说,似乎是警告她。

然而她总如此,全不见有伶俐起来的希望。他们于是想打发她走了,教她回到卫老婆子那里去。但当我还在鲁镇的时候,不过单是这样说;看现在的情状,可见后来终

---

❶[庙祝]旧时庙里管香火祭祀的人。

❷[鹰洋]指墨西哥银元,币面铸有鹰的图案(墨西哥国徽)。鸦片战争后,大量流入我国,曾与我国自铸的银元同在市场上流通。

❸[炮烙]相传是殷代所用的一种酷刑。用炭烧铜柱使热,令有罪者爬行其上,最后人坠入炭中被烧死。

❹[窈陷]深陷。窈,幽深。

于实行了。然而她是从四叔家出去就成了乞丐的呢，还是先到卫老婆子家然后再成乞丐的呢？那我可不知道。

（五）

我给那些因为在近旁而极响的爆竹声惊醒，看见豆一般大的黄色的灯火光，接着又听得毕毕剥剥的鞭炮，是四叔家正在“祝福”了；知道已是五更将近时候。我在蒙胧❶中，又隐约听到远处的爆竹声联绵不断，似乎合成一天音响的浓云，夹着团团飞舞的雪花，拥抱了全市镇。我在这繁响的拥抱中，也懒散而且舒适，从白天以至初夜❷的疑虑，全给祝福的空气一扫而空了，只觉得天地圣众歆享了牲醴和香烟❸，都醉醺醺❹的在空中蹒跚，豫备给鲁镇的人们以无限的幸福。

一九二四年二月七日

思考与探究

1. 重点字词

寒暄　朱拓　形骸　呜咽　百无聊赖　沸反盈天　精明强干

2. 有人说，祥林嫂是封建礼教的牺牲品；有人说，祥林嫂是被鲁四老爷之类的极端冷酷的人“杀”死的；也有人说是柳妈的一席话葬送了祥林嫂。请讨论：造成祥林嫂悲剧的原因到底是什么？

3. 电影《祝福》有这样一个情节：祥林嫂捐了门槛，仍然被禁止参与祭祀活动，于是拿起菜刀，跑到土地庙怒砍门槛。你觉得增添这个情节妥当吗？请说说你的看法，并与班级里的同学进行讨论。

---

❶［蒙胧］现在写作“朦胧”。

❷［初夜］上半夜。

❸［天地圣众歆（xīn）享了牲醴（lǐ）和香烟］意思是（祝福的时候）天地间的众神享用了祭祀的酒肉和香火。歆，这里指神享用祭品。牲，原指祭祀用的牛、羊、猪三牲，后来也泛指祭祀用的肉类。醴，甜酒。香烟，燃着的香所生的烟。

❹［醉醺醺（xūn）］喝醉了酒的样子。

任务二　人生哲思

学习任务

本任务内的篇目均表现了古今中外的文人对人生、对生命的思考和探索。在学习时,应注意:

1．通过文章品读,准确把握作者的观点和思想感情。

2．在辩证分析、客观看待的基础上,提升思维的广度和精神的境界。

3. 兰亭集序[1]

[晋]王羲之[2]

永和九年[3]，岁在癸丑[4]，暮春[5]之初，会于会稽山阴之兰亭[6]，修禊事也[7]。群贤毕至，少长咸集[8]。此地有崇山峻岭，茂林修竹[9]，又有清流激湍[10]，映带左右[11]，引以为流觞曲水[12]，列坐其次[13]。虽无丝竹管弦之盛[14]，一觞一咏[15]，亦足以畅叙幽情[16]。

是日也，天朗气清，惠风和畅[17]。仰观宇宙之大，俯察品类之盛[18]，所以游目骋怀[19]，

---

❶ 选自《晋书》卷八十《王羲之传》，中华书局1974年版。

❷ 王羲之（321—379），字逸少，东晋琅邪临沂（今山东临沂）人。善书法，有“书圣”之称，因曾任右军将军，世称“王右军”。

❸［永和九年］即公元353年。永和是东晋皇帝司马聃（晋穆帝）的年号。该年三月三日，王羲之与谢安、孙绰等四十一人宴集于会稽山阴兰亭举行禊礼，曲水流觞，饮酒赋诗，事后将作品结为一集，王羲之作此序总述其事。

❹［癸丑］古人以干支纪年，该年为癸丑年。

❺［暮春］阴历三月。暮春，春季的最后一个月。

❻［会稽（kuàijī）山阴之兰亭］会稽郡山阴县的兰亭。会稽，郡名，东汉时郡治移山阴。山阴，当时县名，今浙江绍兴。

❼［修禊（xì）事也］为了做修禊这件事。修禊，古代的一种风俗，临水为祭，洗濯嬉游以祈福消灾。古时以三月上旬巳日为修禊日（魏以后定于三月三日）。

❽［群贤毕至，少长咸集］众多贤才都来到这里，年龄大的小的都聚集在一起。毕、咸，全都。

❾［修竹］高高的竹子。修，长。

❿［激湍（tuān）］流势很急的水。

⓫［映带左右］辉映点缀在亭子的周围。映带，映衬、围绕。

⓬［流觞（shāng）曲（qū）水］用漆制的酒杯盛酒，把杯放入弯曲的水道中任其漂流，流到谁面前，谁就引杯饮酒。这是古人一种劝酒取乐的方式。觞，酒杯。曲水，引水环曲为渠，以流酒杯。

⓭［列坐其次］列坐在曲水之旁。列坐，排列而坐。次，旁边，水边。

⓮［丝竹管弦之盛］演奏音乐的盛况。丝竹管弦，都是乐器。盛，盛大、热闹。

⓯［一觞一咏］喝着酒，作着诗。

⓰［幽情］深藏的感情。

⓱［天朗气清，惠风和畅］天气晴朗，和风温暖。惠风，和风。和畅，缓和、温暖。

⓲［品类之盛］万物的繁多。品类，指自然界的万物。

⓳［游目骋（chěng）怀］纵目四望，舒展胸怀。骋，放开，敞开。

足以极视听之娱[1],信[2]可乐也。

夫人之相与,俯仰一世[3]。或取诸怀抱,晤言一室之内[4];或因寄所托,放浪形骸之外[5]。虽趣舍万殊[6],静躁[7]不同,当其欣于所遇,暂得于己[8],快然自足[9],不知老之将至[10];及其所之[11]既倦,情随事迁[12],感慨系之[13]矣。向[14]之所欣,俯仰之间,已为陈迹[15],犹不能不以之兴怀[16],况修短随化,终期于尽[17]!古人云:“死生亦大矣[18]。”岂不痛哉!

每览昔人兴感之由[19],若合一契[20],未尝不临文嗟悼,不能喻之于怀[21]。固知一死生

---

❶[极视听之娱]尽情享受看和听的乐趣。极,穷尽。

❷[信]确实。

❸[夫人之相与,俯仰一世]人与人彼此相处,很快便度过一生。夫,句首发语词。相与,相处、相交往。俯仰,低头仰头之间,表示时间的短暂。

❹[或取诸怀抱,晤言一室之内]有的人在室内(跟朋友)面对面畅谈自己的胸怀抱负。诸,之于,取诸即从……中取得。晤,一说“悟”,面对面谈话。

❺[或因寄所托,放浪形骸之外]有的人就着自己所爱好的事物,寄托自己的情怀,不受任何约束,放纵无羁地生活。因,依、随着。寄,寄托,所托即所爱好的事物。放浪,放纵无拘束。形骸,身体、形体。

❻[趣(qū)舍万殊]各有各的爱好,取舍各不相同。趣舍,即取舍。万殊,千差万别。

❼[静躁]安静与躁动。

❽[当其欣于所遇,暂得于己]但当他们对于所接触的事物感到高兴,一时之间感到自得。欣,高兴。暂,短暂,一时。

❾[快然自足]感到高兴和满足。快然,一作“快然”。

❿[不知老之将至](竟)不知道衰老将要到来。语出《论语·述而》:“其为人也,发愤忘食,乐以忘忧,不知老之将至云尔。”

⓫[所之]所喜爱或所得到的事物。之,往,到达。

⓬[情随事迁]感情随着事物的变化而变化。迁,变化。

⓭[感慨系之]感慨随着而产生。系,随着,附着。

⓮[向]过去,从前。

⓯[陈迹]旧迹。

⓰[以之兴怀]因它而引起心中的感触。以,因。之,指“向之所欣……以为陈迹”。兴,发生、引起。

⓱[修短随化,终期于尽]寿命长短,听凭造化,最终归结于消失。化,自然。期,期限。

⓲[死生亦大矣]死生也是件大事啊!语出《庄子·德充符》。

⓳[昔人兴感之由]古人对(生死)产生感慨的原因。

⓴[若合一契]像符契那样相合(指感慨相同)。符契,古代的一种信物,用木或竹刻成,剖而为二,各执一半,作为凭证。

㉑[未尝不临文嗟(jiē)悼,不能喻之于怀]总难免要在读前人文章时叹息哀伤,不能明白于心。临,面对。嗟悼,叹息哀伤。喻,明白。

为虚诞，齐彭殇为妄作[1]。后之视今，亦犹今之视昔，悲夫！故列叙时人[2]，录其所述[3]，虽世殊事异[4]，所以兴怀，其致一也[5]。后之览者，亦将有感于斯文[6]。

思考与探究

1．重点字词

修禊　清流激湍　流觞曲水　惠风和畅　游目骋怀　趣舍万殊　情随事迁　临文嗟悼

2．本文中多次出现了词类活用现象，请指出下列词语中的活用，并抄写在作业本上。

①群贤毕至　　②死生亦大矣

③一觞一咏　　④极视听之娱

⑤齐彭殇为妄作　　⑥一死生为虚诞

⑦流觞曲水　　⑧游目骋怀

3．魏晋时代国势日衰，长期战乱，风流名士们崇尚自然、超然物外，率真任诞，文学上“清虚寡欲、尤善玄言”，创作内容消沉，出世入道和逃避现实的情调很浓。但王羲之一反当时风气，说“固知一死生为虚诞，齐彭殇为妄作”，你如何理解这句话？联系当时的社会背景，请谈谈你眼中的王羲之。

---

[1] ［固知一死生为虚诞，齐彭殇为妄作］本来知道把死和生等同起来的说法是不真实的，把长寿和短命等同起来的说法是妄造的。固，本来、当然。一，把……看作一样；齐，把……看作相等，这里都用作动词。虚诞，虚妄荒诞的话。彭，即彭祖，传说中的长寿之人。殇，未成年而死去的人。妄作，胡说。一死生、齐彭殇，都是庄子的看法，见《庄子·齐物论》。

[2] ［列叙时人］一个一个记下当时参加的人。

[3] ［录其所述］抄录下他们所作的诗。

[4] ［虽世殊事异］即使时代变了，事情不同了。

[5] ［所以兴怀，其致一也］（但是）触发人们情怀的原因，人们的思想情趣是一样的。

[6] ［斯文］这次集会的诗文。

4. 赤壁赋[1]

[宋]苏　轼[2]

壬戌[3]之秋,七月既望[4],苏子与客泛舟游于赤壁之下。清风徐[5]来,水波不兴。举酒属[6]客,诵明月之诗[7],歌窈窕之章。少焉[8],月出于东山之上,徘徊于斗牛[9]之间。白露横江[10],水光接天。纵一苇之所如,凌万顷之茫然[11]。浩浩乎如冯虚御风[12],而不知其所止;飘飘乎如遗世独立[13],羽化而登仙[14]。

于是饮酒乐甚,扣舷[15]而歌之。歌曰:"桂棹兮兰桨[16],击空明兮溯流光[17]。渺渺兮予

---

❶ 选自《苏轼文集》,中华书局2016年版。

❷ 苏轼(1037—1101),字子瞻,号东坡居士,眉州眉山(今四川眉山)人。

❸ [壬戌(xū)]即宋神宗元丰五年(1082),古人以干支纪年,该年为壬戌年。

❹ [既望]已过了望日。望,农历每月十五日。

❺ [徐]缓缓地。

❻ [举酒属(zhǔ)客]举起酒杯劝客人饮酒。属,通"嘱",劝酒意。

❼ [明月之诗]《诗经·陈风·月出》有"月出皎兮,佼人僚兮,舒窈纠兮,劳心悄兮","窈纠"同"窈窕",故称"明月之诗""窈窕之章"。

❽ [少焉]一会儿。

❾ [斗牛]斗、牛,都是星宿的名字。

❿ [白露横江]白茫茫的雾气弥漫在江面上。

⓫ [纵一苇之所如,凌万顷之茫然]任凭小船漂流,越过那宽阔的江面。纵,任凭。一苇,小船。所如,所去的地方。凌,越过。万顷,指江面极为宽阔。茫然,辽阔的样子。

⓬ [浩浩乎如冯(píng)虚御风]胸怀开阔坦荡,如同驾风腾空而行。冯,通"凭",乘。虚,太空。冯虚即凌空。御,驾驭。

⓭ [飘飘乎如遗世独立]心情舒畅得意,有如超越尘世,独自存在。

⓮ [羽化而登仙]得道成仙,进入仙境。道教把成仙叫作"羽化",认为成仙后能够飞升。

⓯ [扣舷(xián)]敲着船边(打节拍)。舷,船的两边。

⓰ [桂棹(zhào)兮兰桨]那桂木做的棹啊,木兰做的桨。棹,桨,划船的工具。

⓱ [击空明兮溯流光]拍打着清澈澄明的江水,(小船)在月光浮动的江面逆流而上。空明,月亮倒映水中的澄明之色。流光,在水波上闪动的月光。溯,逆流而上。

怀[1]，望美人[2]兮天一方。”客有吹洞箫者，倚歌而和之[3]。其声呜呜然，如怨如慕，如泣如诉[4]，余音袅袅，不绝如缕[5]。舞幽壑之潜蛟，泣孤舟之嫠妇[6]。

苏子愀然[7]，正襟危坐[8]而问客曰：“何为其然也[9]？”客曰：“‘月明星稀，乌鹊南飞[10]’，此非曹孟德之诗乎？西望夏口，东望武昌[11]，山川相缪[12]，郁乎苍苍[13]，此非孟德之困于周郎[14]者乎？方其破荆州，下江陵，顺流而东也，舳舻千里[15]，旌旗蔽空，酾酒临江[16]，横槊赋诗[17]，固一世之雄也，而今安在哉？况吾与子渔樵于江渚之上[18]，侣鱼虾而友麋鹿[19]，驾一叶之扁舟，举匏樽[20]以相属。寄蜉蝣于天地[21]，渺沧海之一粟[22]。哀吾生之须臾，羡长江

---

❶［渺渺兮予怀］我的情怀啊，悠远无穷。渺渺，悠远的样子。

❷［美人］倾慕向往的人，古诗中常用于指心中美好的理想或贤明的君王。

❸［倚歌而和之］按照歌曲的声调和节拍唱和。倚，依，按。和，唱和。

❹［如怨如慕，如泣如诉］有如哀怨，有如眷恋，有如啜泣，有如倾诉。

❺［余音袅袅，不绝如缕］尾声婉转悠长，如同连绵不断的细丝。余音，尾声。缕，细丝。

❻［舞幽壑之潜蛟，泣孤舟之嫠（lí）妇］（箫声）使潜藏在深渊里的蛟龙起舞，使孤舟上的寡妇伤心哭泣。幽壑，深谷。嫠妇，寡妇。

❼［愀（qiǎo）然］忧郁的样子。

❽［正襟危坐］整理衣襟，严肃地端坐着。

❾［何为其然也］（箫声）为什么会这样（悲凉）呢？

❿［月明星稀，乌鹊南飞］曹操《短歌行》中的诗句。曹操，字孟德。

⓫［夏口］（这里）向西可以望到夏口，向东可以望到武昌。夏口，今湖北武汉。武昌，今湖北鄂州。

⓬［山川相缪（liáo）］山河相互盘绕（连绵不绝）。缪，通“缭”，盘绕。

⓭［郁乎苍苍］草木一片浓郁苍翠。郁，茂盛的样子。

⓮［孟德之困于周郎］指汉献帝建安十三年（208），曹操攻破荆州，攻占江陵，沿江向东进军赤壁，为吴将周瑜所击溃。周郎，周瑜二十四岁为中郎将，吴中皆呼为周郎。下文“方其”三句亦指此事。

⓯［舳舻（zhúlú）千里］战船首尾相接，绵延千里。舳，船尾掌舵处。舻，船头划桨处。

⓰［酾（shī）酒临江］面对着长江斟酒。酾，本义是滤酒，这里指斟酒。

⓱［横槊（shuò）赋诗］横执长矛吟诗。槊，长矛。

⓲［渔樵（qiáo）于江渚之上］在江中小洲上打鱼砍柴。

⓳［侣鱼虾而友麋鹿］以鱼虾为伴，以麋鹿为友。侣、友，名词的意动用法。

⓴［匏樽（páozūn）］用葫芦做成的酒器。匏，葫芦。

㉑［寄蜉蝣（fúyóu）于天地］生命如此短暂，如同蜉蝣寓托于天地之间一样。蜉蝣，一种昆虫，相传生命仅有数小时，常用于比喻人生短暂。

㉒［渺沧海之一粟］渺小得像大海中的一粒小米。渺，小。沧海，大海。

之无穷。挟飞仙以遨游，抱明月而长终❶。知不可乎骤得❷，托遗响于悲风❸。”

苏子曰：“客亦知夫水与月乎？逝者如斯，而未尝往也；盈虚者如彼，而卒莫消长也❹。盖将自其变者而观之，则天地曾不能以一瞬❺；自其不变者而观之，则物与我皆无尽也，而又何羡乎！且夫天地之间，物各有主，苟非吾之所有❻，虽一毫而莫取。惟江上之清风，与山间之明月，耳得之而为声，目遇之而成色❼，取之无禁，用之不竭，是造物者之无尽藏也❽，而吾与子之所共适❾。”

客喜而笑，洗盏更酌❿。肴核既尽，杯盘狼籍⓫。相与枕藉⓬乎舟中，不知东方之既白⓭。

思考与探究

1. 重点字词

冯虚御风　桂棹　幽壑　嫠妇　愀然　正襟危坐　舳舻千里　酾酒临江　横槊赋诗　渔樵　匏樽　蜉蝣　一粟　无尽藏

---

❶［挟飞仙以遨游，抱明月而长终］与神仙携手游玩，与明月相拥长存。

❷［骤得］多次得到，这里指轻易得到。

❸［托遗响于悲风］将这种心情寄托在箫声中，让它的余音随着悲凉的秋风而消散。

❹［逝者如斯，而未尝往也；盈虚者如彼，而卒莫消长也］（人世间的事物）日夜流逝如同江水一般，但大江仍在；有阴晴圆缺像那月亮一样，但最终没有增减。逝者如斯，语出《论语·子罕》：“子在川上曰：逝者如斯夫，不舍昼夜。”逝，往。斯，这，指江水。盈虚，月亮的圆缺。卒，最终。消长，增减。

❺［盖将自其变者而观之，则天地曾不能以一瞬］从事物变化的方面来看，天地间没有一瞬间是不发生变化的。曾不能，连……都不。

❻［苟非吾之所有］如果不是自己应该拥有的。苟，如果。

❼［耳得之而为声，目遇之而成色］到达耳边便能听到声音，映入眼帘便能描绘形色。

❽［是造物者之无尽藏（zàng）也］这是天地自然恩赐的无穷无尽的宝藏。是，这。造物者，指天地自然。无尽藏，出自佛教用语“无尽藏海”，指包罗万有、无穷无尽的宝藏。

❾［共适］共同享用。

❿［洗盏更酌（zhuó）］洗杯重新饮酒。更，再。

⓫［肴核既尽，杯盘狼籍（jí）］菜肴和果品都已吃尽，只剩下杯盘一片凌乱。狼籍，凌乱的样子。

⓬［枕藉（jiè）］相互枕着垫着。

⓭［既白］已经显出白色（指天亮）了。

2．请找出文中最能体现苏轼和客人心情变化的关键词句并思考：他们所表现的人生态度有什么不同之处？

3.《赤壁赋》通过主客问答的形式，表达了作者对人生的思考。其中，主客问答的内容代表了矛盾双方的不同意见，在心理变化与对话中塑造了作者随遇而安、乐观豁达、活在当下的形象。有人说，其实并不存在这样一场主客问答，主与客实际上表达的是作者思想情感的两个方面，两个迥然不同的人物是作者自我形象的写照。你同意这个观点吗？谈谈你的看法。

5. 秋水(节选)[1]

[战国]庄　子[2]

秋水时至,百川灌河[3];泾流[4]之大,两涘渚崖之间,不辩牛马[5]。于是焉河伯[6]欣然[7]自喜,以天下之美为尽在己,顺流而东行,至于北海,东面而视,不见水端。于是焉河伯始旋其面目[8],望洋向若而叹[9]曰:“野语[10]有之曰:‘闻道百,以为莫己若者[11]。’我之谓[12]也。且夫我尝闻少仲尼之闻,而轻伯夷之义[13]者,始吾弗信,今我睹子之难穷[14]也,吾非至于子之门,则殆矣[15],吾长见笑于大方之家[16]。”

---

❶ 节选自《庄子·外篇》,中华书局2015年版。

❷ 庄子,战国中期思想家、哲学家、文学家。姓庄,名周。他是继老子之后道家学派的代表人物,与老子并称“老庄”。

❸ [秋水时至,百川灌河]秋天的洪水随着季节涨起来了,千百条江河注入黄河。时,按时令。灌,奔注。

❹ [泾流]直涌的水流。

❺ [两涘(sì)渚崖之间,不辩牛马]黄河两岸和水中沙洲之间连牛马都分辨不清。涘,水边。渚,水中小洲。崖,高的河岸。辩,通“辨”。

❻ [河伯]黄河之神。

❼ [欣然]高兴的样子。

❽ [旋其面目]转变了(欣然自喜)的表情。旋,转,改变。

❾ [望洋向若而叹]抬头看着海神若叹息。望洋,抬头远视的样子。若,海神,即下文的“北海若”。

❿ [野语]俗语。

⓫ [闻道百,以为莫己若者]听到的道理多了,就以为没有人及得上自己。

⓬ [我之谓也]即“谓我也”。

⓭ [少仲尼之闻,而轻伯夷之义]认为孔子的学问少,认为伯夷的义行轻。少,以……为少,轻,以……为轻,都是形容词的意动用法。仲尼,即孔子,字仲尼。伯夷,殷末诸侯孤竹君之子,武王伐纣,伯夷与其弟叔齐认为以臣弑君是不义的,于是他不受君位,隐居在首阳山,不食周粟而饿死。后世一般视伯夷、叔齐为恪守节义的代表。

⓮ [难穷]无边无际。穷,尽,指走到尽头。

⓯ [吾非至于子之门,则殆(dài)矣]我如果不到您的面前来,那就危险了。殆,危险。

⓰ [吾长见笑于大方之家]我一定会永远被懂得大道的人所讥笑了。长,长久。见,被。大方之家,指得大道、见多识广的人。

北海若曰：“井鼃不可以语于海者，拘于虚也[1]；夏虫不可以语于冰者，笃于时也[2]；曲士不可以语于道者，束于教也[3]。今尔出于崖涘，观于大海，乃知尔丑[4]，尔将可与语大理[5]矣。天下之水，莫大于海。万川归之，不知何时止而不盈[6]；尾闾泄之，不知何时已而不虚[7]；春秋不变，水旱不知。此其过江河之流[8]，不可为量数[9]。而吾未尝以此自多[10]者，自以比形于天地，而受气于阴阳[11]，吾在天地之间，犹小石小木之在大山也。方存乎见少，又奚以自多[12]！计四海之在天地之间也，不似礨空之在大泽[13]乎？计中国[14]之在海内，不似稊米之在大仓[15]乎？号物之数谓之万，人处一焉[16]；人卒九州，谷食之所生，

---

❶［井鼃（wā）不可以语于海者，拘于虚也］对井里的蛙不可与它谈论关于海的事情，是由于它的眼界受着狭小居处的局限。鼃，同“蛙”。拘，限制。虚，通“墟”，处所。

❷［夏虫不可以语于冰者，笃于时也］对夏天生死的虫子不可与它谈论关于冰雪的事情，是由于它的眼界受着时令的制约。夏虫，夏天生、夏天死的昆虫。笃，限制。

❸［曲士不可以语于道者，束于教也］对见识浅陋的人不可与他谈论关于大道理的问题，是由于他的眼界受着所受教育的束缚。曲士，孤陋寡闻、缺少见识的人。束，约束，局限。

❹［丑］指思想境界的浅薄。

❺［大理］大的道理。

❻［万川归之，不知何时止而不盈］万千条江河归向大海，不知什么时候停止，但是海水却不会满溢出来。

❼［尾闾（lǘ）泄之，不知何时已而不虚］海水从尾闾泄流排放出去，不知道什么时候才休止，但是海水却不会枯竭。尾闾，指大海的排水处。

❽［过江河之流］（大海）超过长江黄河的水流。过，超过。

❾［不可为量数］不能用量器计算。数，计算。

❿［自多］自负，自满。

⓫［自以比形于天地，而受气于阴阳］我认识到自己寄形于天地之间，从阴阳变化中秉承了生气。自以，自知。比形，具形。

⓬［方存乎见少，又奚以自多］我只想到自己太渺小了，又怎么会自满呢。存，存在（这样的想法）。自多，自满。

⓭［礨（lěi）空之在大泽］石块的小孔穴在旷野上一样。

⓮［中国］指中原地带。

⓯［稊（tí）米之在大（tài）仓］细小的米粒在大谷仓里一样。大，通“太”。

⓰［号物之数谓之万，人处一焉］人们用“万”这个数目来称呼事物，人仅占了其中一种。号，称呼。处，占有。

舟车之所通,人处一焉[1]。此其比万物也,不似豪末[2]之在于马体乎?五帝[3]之所连[4],三王[5]之所争,仁人[6]之所忧,任士[7]之所劳,尽此[8]矣!伯夷辞之以为名[9],仲尼语之以为博[10]。此其自多也,不似尔向之自多于水乎?"

思考与探究

1. 重点字词

泾流 涘 井鼃 尾闾 礨空 稊米

2. 本文想象力丰富,语言运用自如,灵活多变,将抽象的哲理说得引人入胜。请归纳,本文讲述的道理是什么?作者用了怎样的事例来进行说明?

3. 文章的最后将"伯夷辞之以为名"和"仲尼语之以为博"视作"自多"的表现,你同意这个观点吗?说说你的看法。

---

[1] [人卒九州,谷食之所生,舟车之所通,人处一焉]人类遍布天下,凡是有谷物生长之处、有舟车通行之地(都聚集着人群),每个人只是(不可胜数的人口)其中的一个而已。卒,通"萃",聚集。

[2] [豪末]毫毛的末梢,形容微不足道。豪,通"毫"。

[3] [五帝]通常指黄帝、颛顼(zhuānxū)、帝喾(kù)、尧、舜。

[4] [所连]指五帝所相互禅让的对象,即天下。"所连"和下文"所争""所忧""所劳"都是指天下。

[5] [三王]通常指夏禹、商汤、周文王。

[6] [仁人]有德行的人。

[7] [任士]以救世为己任的贤能之士。

[8] [尽此]终结于此。这句话的意思是,五帝所禅让统治的,三王所争夺的,有德行的人所担忧的,以天下为己任的贤人所劳碌的(这个天下),(与整个宇宙相比)也不过如此而已。

[9] [伯夷辞之以为名]伯夷辞让天下来取得名声。

[10] [仲尼语之以为博]孔子谈论天下来获得彰显博学。

综合学习活动

书写我们的中国故事

中华人民共和国成立至今，栉风沐雨，一路前行，取得了令人惊叹的成就。每个民族都有自己的梦想，每个时代都有自己的故事，而“中国故事”是中国人生存发展的历史与现实，是千百年来一个民族共同的憧憬、追求与实践。请书写你心中最美的“中国故事”，并填写活动评价表。

［活动要求］

1. 以个人为单位，搜集材料进行撰写，要立足中国人的智慧与创造，让读者可以从中汲取可贵的精神力量。

2. 写作完成后，在班级内展出，并将稿件电子版和活动评价表一同提交。

［写作提纲］

表 1-1 “书写我们的中国故事”活动评价表

填表人:

项目	要求	自我评价	教师评价	综合评价
情感态度	完成了写作任务	○○○○○	○○○○○	○○○○○
	习作中能够表达出真情实感	○○○○○	○○○○○	○○○○○
写作策略	文章内容符合习作要求	○○○○○	○○○○○	○○○○○
	文章层次分明,有详有略	○○○○○	○○○○○	○○○○○
	能够自如运用修辞手法和表现手法,掌握一定的写作技巧	○○○○○	○○○○○	○○○○○
创新及特色	角度新颖,可读性强	○○○○○	○○○○○	○○○○○
	语言优美,逻辑准确	○○○○○	○○○○○	○○○○○
总评				
习作段落摘录				

“我是小记者”新闻写作

新闻是对新近发生的事实的报道，是现代人了解世界、认识世界的窗口。学会快速地选择信息，体会新闻的感情倾向，是现代人需要的一种能力。请同学们根据身边最近发生的校园生活中有意义的事件，联系自身实际，完成一篇新闻稿，并填写活动评价表。

［活动要求］

1. 以个人为单位，收集材料进行写作。
2. 新闻的内容必须是校园里的“身边事”。
3. 字数：500字左右。
4. 书写完成后，整理成电子版，与活动评价表一同上交。

［新闻创作摘要］

表 1-2 “我是小记者”新闻写作活动评价表

填表人：

项目	要求	自我评价	教师评价	综合评价
标题	简洁明了,紧扣主题,准确地概括消息内容,帮助读者理解报道事实	○○○○○	○○○○○	○○○○○
导语	要素齐全,用简练的文字将消息中的主要内容加以概括,吸引读者	○○○○○	○○○○○	○○○○○
主体	语句通顺、重点突出、详略得当、语言精练、意义明确	○○○○○	○○○○○	○○○○○
背景	补充说明,能够使读者更清楚地理解消息的主体内容	○○○○○	○○○○○	○○○○○
结语	阐明事件意义或者给读者以启发	○○○○○	○○○○○	○○○○○
总评				
习作段落摘录				

任务群二　珍惜和平

单元导语

“前事不忘，后事之师。”历史是最好的清醒剂。纵观世界风云，战争贯穿着人类的发展史，由古至今，大大小小的战争不计其数。战争带来的灾难永无止尽，多少人失去家庭，妻离子散，多少地方血流成河，沦为废墟……

和平是世界发展的主流，也是世界各族人民的共同心愿。以史为鉴、开拓未来，是新一代青少年的职责。让我们从自身小事做起，铭记历史，珍惜当下，珍爱和平，成为传承和平之声的星火之光。

任务一　历史风云

学习任务

本任务内的主要篇目为古代文学作品。在学习时,应注意:

1. 积累文言实词、虚词和特殊句式的知识,增强阅读文言文的能力。

2. 欣赏古人巧妙运用聪明才智来克敌制胜的故事情节,区分史传与历史小说的差异,了解其不同的语言特点。

6. 烛之武退秦师[1]

《左传》

晋侯、秦伯[2]围郑,以其无礼于晋[3],且贰于楚[4]也。晋军函陵[5],秦军氾南[6]。

佚之狐[7]言于郑伯曰:"国危矣,若[8]使烛之武见秦君,师必退。"公从之。辞[9]曰:"臣之壮也[10],犹[11]不如人;今老矣,无能为也已[12]。"公曰:"吾不能早用子[13],今急而求子,是寡人之过也[14]。然[15]郑亡,子亦有不利焉!"许之[16]。

夜缒[17]而出,见秦伯,曰:"秦、晋围郑,郑既[18]知亡矣。若亡郑而有益于君,敢以烦执

---

❶ 选自《十三经注疏》,中华书局1980年版,本文出自《左传·僖公三十年》。《左传》是我国第一部叙事详细的编年史著作,相传为春秋末年鲁国史官左丘明所作。它依孔子修订的鲁史《春秋》的顺序,主要记载了东周前期二百四五十年间各国政治、经济、军事、外交和文化方面的重要事件和重要人物,是研究我国先秦历史很有价值的文献,也是优秀的散文著作。烛之武,郑国大夫。

❷ [晋侯、秦伯]指晋文公和秦穆公。春秋时期有公、侯、伯、子、男五等爵位。

❸ [以其无礼于晋]指晋文公即位前流亡国外经过郑国时,没有受到应有的礼遇。以,因为。

❹ [贰于楚]从属于晋的同时又从属于楚。

❺ [晋军函陵]晋军驻扎在函陵。军,驻军。函陵,郑国地名,在今河南新郑北。

❻ [氾(fán)南]氾水的南面,也属郑地。

❼ [佚(yì)之狐]郑国大夫。

❽ [若]假如。

❾ [辞]推辞。

❿ [臣之壮也]我壮年的时候。

⓫ [犹]尚且。

⓬ [无能为也已]不能干什么了。已,同"矣"。

⓭ [子]古代对男子的尊称。

⓮ [是寡人之过也]这是我的过错。寡人,诸侯谦称,寡德之人。过,过错。

⓯ [然]然而。

⓰ [许之]答应了这件事。许,答应。

⓱ [缒(zhuì)]用绳子拴着人(或物)从上往下送。

⓲ [既]已经。

事[1]。越国以鄙远[2]，君知其难也，焉用亡郑以陪邻[3]？邻之厚，君之薄也[4]。若舍郑以为东道主[5]，行李[6]之往来，共其乏困[7]，君亦无所害。且君尝为晋君赐矣[8]，许君焦、瑕[9]，朝济而夕设版焉[10]，君之所知也。夫晋，何厌之有？既东封郑[11]，又欲肆其西封[12]，若不阙秦[13]，将焉取之[14]？阙秦以利晋，唯君图之[15]。"秦伯说[16]，与郑人盟。使杞子、逢孙、杨孙戍之[17]，乃还[18]。

子犯请击之[19]。公[20]曰："不可。微夫人之力不及此[21]。因人之力而敝之，不仁[22]；失

---

❶［敢以烦执事］怎敢拿这件事情来麻烦您。这是客气的说法。执事，办事的官吏，这里是对对方的敬称。

❷［越国以鄙远］越过别国而把远地当作边邑。鄙，边邑。这里用作动词。远，指郑国。

❸［焉用亡郑以陪邻］为什么要灭掉郑国而给邻国增加土地呢？焉，何。用，介词，表原因。陪，增加。邻，邻国，指晋国。

❹［邻之厚，君之薄也］邻国的势力雄厚了，您秦国的势力也就相对削弱了。

❺［若舍郑以为东道主］如果您放弃围攻郑国而把它作为东方道路上（招待过客）的主人。舍，放弃（围郑）。

❻［行李］出使的人。

❼［共（gōng）其乏困］供给他们缺少（的东西）。共，通"供"，供给。其，指代使者。

❽［尝为晋君赐矣］曾经给予晋君恩惠。尝，曾经。为，给予。赐，恩惠。这句指秦穆公曾派兵护送晋惠公回国的事。

❾［许君焦、瑕］（晋惠公）曾经答应给您焦、瑕这两座城池。

❿［朝济而夕设版焉］指晋惠公早上渡过黄河（回国），晚上就筑城防御。济，渡河。设版，指筑墙。版，筑土墙用的夹板。

⓫［东封郑］在东边让郑国成为晋国的边境。封，疆界。这里作用动词。

⓬［肆其西封］扩展它西边的疆界。指晋国灭郑以后，必将图谋秦国。肆，延伸，扩张。

⓭［阙（quē）秦］使秦国土地减少。阙，侵损、削减。

⓮［将焉取之］将从哪里取得它所贪求的土地呢？焉，哪里。之，指代土地。

⓯［唯君图之］希望您考虑这件事。唯，句首语气词，表示希望。之，指阙秦以利晋这件事。

⓰［说］通"悦"。

⓱［杞（qǐ）子、逢（páng）孙、杨孙戍之］杞子等三人都是秦国大夫。戍，戍守，即守卫郑国。

⓲［乃还］于是秦国就撤军了。

⓳［子犯请击之］子犯请求袭击秦军。子犯，晋国大夫狐偃（晋文公的舅舅）的字。之，指秦军。

⓴［公］指晋文公。

㉑［微夫人之力不及此］假如没有那个人的力量，我是不会到这个地步的。晋文公在外流亡19年，得到秦穆公的帮助，才回到晋国做了国君。微，没有。用来表示一种否定的假设或条件。夫人，那人，指秦穆公。

㉒［因人之力而敝之，不仁］依靠别人的力量，又反过来损害他，这是不仁道的。因，依靠。敝，损害。

其所与,不知[1];以乱易整,不武[2]。吾其还也[3]。”亦去之[4]。

思考与探究

1. 重点字词

夜缒而出　越国以鄙远　焉用亡郑以陪邻　东道主　行李

2. 细读课文,回答下列问题。

(1)晋、秦两国为什么围攻郑国?

(2)郑伯是怎样说服烛之武的?

(3)烛之武用哪些事实和事理说服秦伯退兵?其中哪一点最关键?

(4)晋文公为什么不愿向秦军进攻?

3. 阅读下面评论秦穆公退兵的一段文字,结合课文,谈谈你的感想。

天下之事以利而合者,亦必以利而离。秦、晋连兵而伐郑,郑将亡矣。烛之武出说秦穆公,立谈之间存郑于将亡,不惟退秦师,而又得秦置戍而去,何移之速也!烛之武一言使秦穆背晋亲郑,弃强援、附弱国;弃旧恩、召新怨;弃成功、犯危难。非利害深中秦穆之心,讵能若是乎?秦穆之于晋,相与之久也,相信之深也,相结之厚也,一怵于烛之武之利,弃晋如涕唾,亦何有于郑乎?他日利有大于烛之武者,吾知秦穆必翻然从之矣!

(吕祖谦《东莱博议》)

---

[1] [失其所与,不知]失掉自己的同盟者,这是不明智的。与,结交,亲附。知,通“智”。

[2] [以乱易整,不武]用混乱相攻取代联合一致,是不符合武德的。易,代替。武,指使用武力时所应遵守的道义准则。不武,不符合武德。

[3] [吾其还也]我们还是回去吧。其,表商量或希望的语气,还是。

[4] [去之]离开郑国。之,指代郑国。

7. 垓下悲歌[1]

[汉]司马迁[2]

项王军壁[3]垓下[4],兵少食尽,汉军及诸侯兵围之数重。夜闻汉军四面皆楚歌[5],项王乃大惊,曰:“汉皆已得楚乎?是何楚人之多也!”项王则夜起,饮帐中。有美人名虞,常幸[6]从;骏马名骓[7],常骑之。于是项王乃悲歌忼慨[8],自为诗曰:“力拔山兮气盖世,时不利兮骓不逝[9]。骓不逝兮可奈何,虞兮虞兮奈若何[10]!”歌数阕[11],美人和[12]之。项王泣数行下,左右[13]皆泣,莫能仰视。

于是项王乃上马骑,麾下[14]壮士骑从者八百余人,直夜溃围南出[15],驰走。平明[16],汉军乃觉之,令骑将灌婴[17]以五千骑追之。项王渡淮,骑能属者[18]百余人耳。项王至阴

---

❶ 节选自《史记》,中华书局2017年版,记录于《项羽本纪》,题目为编者所加。

❷ 司马迁(约前145或前135—?),字子长,西汉史学家、文学家。

❸ [壁]营垒,此处用作动词,指安营扎寨。

❹ [垓(gāi)下]地名,在今安徽灵璧东南。

❺ [楚歌]楚国人用楚地方言所唱的歌曲。

❻ [幸]为君王所宠爱。

❼ [骓(zhuī)]青白杂色的马。在这里指马的名字。

❽ [忼慨]同“慷慨”,悲愤激昂的样子。

❾ [不逝]指困在重围,无法脱身。逝,向前跑。

❿ [奈若何]把你怎么安顿呢?若,你。

⓫ [数阕(què)]数遍。阕,歌曲或词的一首。

⓬ [和(hè)]应和,跟着唱。

⓭ [左右]近臣,随从。

⓮ [麾(huī)下]指部下。麾,旌旗的一种,作指挥用。

⓯ [直夜溃围南出]当夜突破重围向南离去。直夜,当夜。溃围,突破重围。

⓰ [平明]天刚亮。

⓱ [灌婴]人名。

⓲ [属(zhǔ)者]随从。

陵[1],迷失道,问一田父[2],田父绐[3]曰:“左。”左,乃陷大泽[4]中,以故汉追及之。项王乃复引兵而东,至东城[5],乃有二十八骑。汉骑追者数千人。项王自度[6]不得脱,谓其骑曰:“吾起兵至今八岁矣,身[7]七十余战,所当者破,所击者服,未尝败北,遂霸有天下。然今卒[8]困于此,此天之亡我,非战之罪也。今日固决死,愿为诸君快战[9],必三胜之,为诸君溃围,斩将,刈旗[10],令诸君知天亡我,非战之罪也。”乃分其骑以为四队,四向[11]。汉军围之数重。项王谓其骑曰:“吾为公取彼一将。”令四面骑驰下,期山东为三处。于是项王大呼驰下,汉军皆披靡[12],遂斩汉一将。是时赤泉侯[13]为骑将,追项王,项王瞋目[14]而叱之,赤泉侯人马俱惊,辟易[15]数里。与其骑会为三处。汉军不知项王所在,乃分军为三,复围之。项王乃驰,复斩汉一都尉,杀数十百人,复聚其骑,亡其两骑耳。乃谓其骑曰:“何如?”骑皆伏[16]曰:“如大王言!”

于是项王乃欲东渡乌江[17]。乌江亭长舣船待[18],谓项王曰:“江东[19]虽小,地方千里,众数十万人,亦足王也。愿大王急渡。今独臣有船,汉军至,无以渡。”项王笑曰:“天之

---

❶[阴陵]地名,在今安徽定远县西北。

❷[田父(fǔ)]农夫。父,对老年男性的尊称。

❸[绐(dài)]同“诒”,欺骗。

❹[大泽]低洼之地。

❺[东城]地名,在今安徽定远县东南。

❻[度(duó)]揣测,估计。

❼[身]在这里作动词使用,亲自参加。

❽[卒]最终。

❾[快战]指痛痛快快地打一仗。

❿[刈(yì)旗]砍倒敌方军旗。刈,割,砍。

⓫[四向]向着四面。

⓬[披靡]草木随风倒。此处形容军队四散溃逃的样子。

⓭[赤泉侯]名杨喜,因追击项羽有功而被封为赤泉侯。

⓮[瞋(chēn)目]张目,因愤怒而瞪大眼睛。

⓯[辟易]受惊吓而退避。辟,同“避”。易,易地,挪地方。

⓰[伏]通“服”,心服。

⓱[乌江]乌江,即今安徽和县东北四十里江岸的乌江浦。

⓲[乌江亭长舣(yǐ)船待]乌江亭长移船靠岸。亭长,乡官,秦汉时每十里为一亭,设亭长一人。舣,移船靠岸。

⓳[江东]长江南岸。

亡我，我何渡为！且籍与江东子弟八千人渡江而西，今无一人还，纵[1]江东父兄怜而王我[2]，我何面目见之？纵彼不言，籍独不愧于心乎？”乃谓亭长曰：“吾知公长者[3]。吾骑此马五岁，所当无敌，尝一日行千里，不忍杀之，以赐公。”乃令骑皆下马步行，持短兵[4]接战。独籍所杀汉军数百人。项王身亦被十余创[5]，顾[6]见汉骑司马[7]吕马童，曰：“若非吾故人乎？”马童面之[8]，指王翳[9]曰：“此项王也。”项王乃曰：“吾闻汉购[10]我头千金，邑万户，吾为若德[11]。”乃自刎而死。

思考与探究

1．重点词语

垓下　麾下　属者　田父　刈旗　瞋目

2．本文记叙了项羽一生的最后阶段，表现他无可奈何的失败和悲壮的死亡，是《项羽本纪》中最具悲剧性的一幕。请阅读并分析，文中共描写了几个场面？内容分别是什么？用自己的话进行概括。

3．对项羽的评价，向来有褒有贬，莫衷一是。阅读下面几首关于项羽的诗歌，总结诗人的观点，并讨论，你是如何看待项羽这个历史人物的？

---

[1] [纵]即使。

[2] [王(wàng)我]拥我为王。

[3] [长者]年高有德，性情谨厚之人。

[4] [短兵]短小轻便的武器，如刀、剑等。

[5] [身亦被十余创]身上也受了十几处伤。被，受。创，伤。

[6] [顾]回头看见。

[7] [司马]骑将衔名，主管法纪。吕马童原系项羽部下，故下文以“故人”称之。

[8] [面之]背对着他(项羽)。面，通“偭”，背对着。

[9] [指王翳(yì)]将(项羽)指给王翳看。王翳，汉将。

[10] [购]悬赏捉拿。

[11] [吾为若德]我为你做件好事吧。德，此处指封侯受赏的好事。

题乌江亭

[唐]杜　牧

胜败兵家事不期,包羞忍耻是男儿。
江东子弟多才俊,卷土重来未可知。

乌江亭

[宋]王安石

百战疲劳壮士哀,中原一败势难回。
江东子弟今虽在,肯与君王卷土来。

咏项羽

[宋]李清照

生当作人杰,死亦为鬼雄。
至今思项羽,不肯过江东。

8. 草船借箭[1]

[明]罗贯中[2]

周瑜聚众将于帐下，教请孔明议事。孔明欣然而至。坐定，瑜问孔明曰：“即日将与曹军交战，水路交兵，当以何兵器为先？”孔明曰：“大江之上，以弓箭为先。”瑜曰：“先生之言，甚合愚意。但今军中正缺箭用，敢烦先生监造十万枝箭，以为应敌之具。此系公事，先生幸勿推却。”孔明曰：“都督见委，自当效劳。敢问十万枝箭，何时要用？”瑜曰：“十日之内，可完办否？”孔明曰：“操军即日将至，若候十日，必误大事。”瑜曰：“先生料几日可完办？”孔明曰：“只消三日，便可拜纳十万枝箭。”瑜曰：“军中无戏言。”孔明曰：“怎敢戏都督？愿纳军令状！三日不办，甘当重罚。”瑜大喜，唤军政司当面取了文书，置酒相待曰：“待军事毕后，自有酬劳。”孔明曰：“今日已不及，来日造起。至第三日，可差五百小军到江边搬箭。”饮了数杯，辞去。鲁肃曰：“此人莫非诈乎？”瑜曰：“他自送死，非我逼他。今明白对众要了文书，他便两胁生翅，也飞不去。我只分付军匠人等，教他故意迟延，凡应用物件，都不与齐备。如此，必然误了日期。那时定罪，有何理说？公今可去探他虚实，却来回报。”

肃领命来见孔明。孔明曰：“吾曾告子敬，休对公瑾说，他必要害我。不想子敬不肯为我隐讳，今日果然又弄出事来。三日内如何造得十万箭？子敬只得救我！”肃曰：“公自取其祸，我如何救得你？”孔明曰：“望子敬借我二十只船，每船要军士三十人，船上皆用青布为幔[3]，各束草千余个，分布两边。吾别有妙用。第三日包管有十万枝箭。只不可又教公瑾得知，若彼知之，吾计败矣。”肃允诺，却不解其意。回报周瑜，果然不提起借船之事，只言：“孔明并不用箭竹、翎毛[4]、胶漆等物，自有道理。”瑜大疑曰：“且看

[1] 选自《三国演义》，人民文学出版社1953年版。本文节选自第四十六回《用奇谋孔明借箭 献密计黄盖受刑》，题目为编者所加，略有改动。

[2] 罗贯中（约1330—约1400），名本，字贯中，号湖海散人，元末明初小说家，《三国志通俗演义》（又称《三国志演义》《三国演义》）的作者。《三国演义》，中国古典四大名著之一，也是中国第一部长篇章回体历史演义小说，描写了从东汉末年到西晋初年之间近百年的历史风云，讲述了东汉末年的群雄割据混战和魏、蜀、吴三国之间的政治和军事斗争，塑造了一群叱咤风云的英雄人物。

[3] ［幔（màn）］以布帛制成，遮蔽门窗等用的帘子。

[4] ［翎（líng）毛］鸟羽。翎，鸟翅和尾上的长而硬的羽毛。

他三日后如何回覆我!”

却说鲁肃私自拨轻快船二十只,各船三十余人,并布幔束草等物,尽皆齐备,候孔明调用。第一日却不见孔明动静。第二日亦只不动。至第三日四更时分,孔明密请鲁肃到船中。肃问曰:“公召我来何意?”孔明曰:“特请子敬同往取箭。”肃曰:“何处去取?”孔明曰:“子敬休问,前去便见。”遂命将二十只船,用长索相连,径望北岸进发。是夜大雾漫天,长江之中,雾气更甚,对面不相见。孔明促舟前进,果然是好大雾!前人有篇《大雾垂江赋》曰:

大哉长江!西接岷、峨[1],南控三吴[2],北带九河[3]。汇百川而入海,历万古以扬波。至若龙伯、海若,江妃、水母[4],长鲸[5]千丈,天蜈[6]九首,鬼怪异类,咸[7]集而有。盖夫鬼神之所凭依,英雄之所战守也。

时也阴阳[8]既乱,昧爽[9]不分。讶[10]长空之一色,忽大雾之四屯[11]。虽舆薪而莫睹[12],

---

❶[岷、峨]长江西部的岷山、峨眉山。这里借代巴蜀。

❷[三吴]古地名,指代长江下游江南的一个地域名称。一般意义上的三吴是泛指江南吴地。

❸[九河]古代黄河下游许多支流的总称。《书·禹贡》记载当时黄河流至河北平原中部后,“又北播为九河”。

❹[龙伯、海若、江妃、水母]龙伯,指龙伯国的巨人,唐张说《入海》诗之二:“龙伯如人类,一钓两鳌连。”海若,古代中国传说中北海的海神,《庄子·秋水》:“于是焉河伯始旋其面目,望洋向若而叹。”江妃,亦作“江斐”,古代神话传说中的神女,汉刘向《列仙传·江妃二女》:“江妃二女者,不知何所人也,出游於江汉之湄,逢郑交甫,见而悦之,不知其神人也。”水母,指水神。

❺[长鲸]大鲸。

❻[天蜈]即“天吴”,神话中的水神,人面兽身。《山海经·海外东经》:“朝阳之谷,神曰天吴,是为水伯……其为兽也,八首八面,八足八尾,皆青黄。”

❼[咸]都。

❽[阴阳]古代哲学概念。古代朴素的唯物主义思想家把矛盾运动中的万事万物概括为“阴”“阳”两个对立的范畴,并以双方变化的原理来说明物质世界的运动。

❾[昧爽]天将晓而尚暗之时。昧,暗;爽,明。

❿[讶(yà)]同“迓”,迎接。

⓫[四屯]四面聚集。屯,聚集。

⓬[虽舆薪而莫睹]即使燃烧起车上的柴火也不能够看见。舆薪,一车子的木柴。睹,见。

惟金鼓之可闻。初若溟濛[1]，才隐南山之豹[2]；渐而充塞，欲迷北海之鲲[3]。然后上接高天，下垂厚地；渺乎苍茫，浩乎无际。鲸鲵[4]出水而腾波，蛟龙潜渊而吐气。又如梅霖[5]收溽[6]，春阴[7]酿寒；溟溟漠漠[8]，浩浩漫漫。东失柴桑[9]之岸，南无夏口[10]之山。战船千艘，俱沉沦于岩壑；渔舟一叶，惊出没于波澜。甚则穹昊[11]无光，朝阳失色；返白昼为昏黄，变丹山为水碧。虽大禹[12]之智，不能测其浅深；离娄[13]之明，焉能辨乎咫尺[14]？

于是冯夷[15]息浪，屏翳[16]收功；鱼鳖遁迹，鸟兽潜踪。隔断蓬莱之岛，暗围阊阖[17]之宫。恍惚奔腾，如骤雨之将至；纷纭杂沓，若寒云之欲同。乃能中隐毒蛇，因之而为瘴疠[18]；内藏妖魅，凭之而为祸害。降疾厄于人间，起风尘于塞外。小民遇之夭伤，大人观之感慨。盖将返元气于洪荒，混天地为大块。

当夜五更时候，船已近曹操水寨。孔明教把船只头西尾东，一带摆开，就船上擂鼓呐喊。鲁肃惊曰："倘曹兵齐出，如之奈何？"孔明笑曰："吾料曹操于重雾中必不敢出。吾等只顾酌酒取乐，待雾散便回。"

---

❶［溟濛（míngméng）］形容烟雾弥漫，景色模糊。

❷［南山之豹］南山豹，典故。《列女传》卷二："妾闻南山有玄豹，雾雨七日而不下食者，何也？欲以泽其毛而成文章也，故藏而远害。"这里借以咏雾。

❸［北海之鲲］传说中的大鱼。《列子·汤问》："终北之北有溟海者，天池也，有鱼焉，其广数千里，其长称焉，其名为鲲。"

❹［鲸鲵（ní）］即鲸鱼。雄者为鲸，雌者为鲵。

❺［梅霖］梅雨。

❻［溽（rù）］湿润，闷热。

❼［春阴］春季阴天时空中的阴气。

❽［溟溟漠漠］广漠无际。

❾［柴桑］县名。西汉置。

❿［夏口］地名。又名汉口，指汉水注入长江处。在今汉口与汉阳之间。

⓫［穹昊］即苍穹，天空。

⓬［大禹］传说中古代部落联盟领袖，鲧的儿子，奉舜的命令治理洪水。

⓭［离娄］传说为黄帝时人，视力极强，能见百步之外，秋毫之末。

⓮［咫尺］形容距离很近。

⓯［冯夷］传说中的黄河之神，即河伯。《庄子·大宗师》："冯夷得之，以游大川。"

⓰［屏翳］指云神。《楚辞·九歌·云中君》汉王逸注："云神，丰隆也，一曰屏翳。"

⓱［阊阖（chānghé）］神话传说中的天门。

⓲［瘴疠（zhànglì）］人因接触到山林间湿热蒸发毒气所生的疾病。

却说曹寨中,听得擂鼓呐喊,毛玠、于禁二人慌忙飞报曹操。操传令曰:“重雾迷江,彼军忽至,必有埋伏,切不可轻动。可拨水军弓弩手乱箭射之。”又差人往旱寨内唤张辽、徐晃各带弓弩军三千,火速到江边助射。比及号令到来,毛玠、于禁怕南军抢入水寨,已差弓弩手在寨前放箭;少顷,旱寨内弓弩手亦到,约一万余人,尽皆向江中放箭,箭如雨发。孔明教把船吊回,头东尾西,逼近水寨受箭,一面擂鼓呐喊。待至日高雾散,孔明令收船急回。二十只船,两边束草上排满箭枝。孔明令各船上军士齐声叫曰:“谢丞相箭!”比及曹军寨内报知曹操时,这里船轻水急,已放回二十余里,追之不及。曹操懊悔不已。

却说孔明回船谓鲁肃曰:“每船上箭约五六千矣。不费江东半分之力,已得十万馀箭。明日即将来射曹军,却不甚便?”肃曰:“先生真神人也!何以知今日如此大雾?”孔明曰:“为将而不通天文,不识地利,不知奇门,不晓阴阳,不看阵图,不明兵势,是庸才也。亮于三日前已算定今日有大雾,因此敢任三日之限。公瑾教我十日完办,工匠料物,都不应手,将这一件风流罪过,明白要杀我。我命系于天,公瑾焉能害我哉!”鲁肃拜服。

船到岸时,周瑜已差五百军在江边等候搬箭。孔明教于船上取之,可得十余万枝,都搬入中军帐交纳。鲁肃入见周瑜,备说孔明取箭之事。瑜大惊,慨然叹曰:“孔明神机妙算,吾不如也!”后人有诗赞曰:

一天浓雾满长江,远近难分水渺茫。骤雨飞蝗来战舰,孔明今日伏周郎。

少顷,孔明入寨见周瑜。瑜下帐迎之,称羡曰:“先生神算,使人敬服。”孔明曰:“诡谲❶小计,何足为奇。”瑜邀孔明入帐共饮。

思考与探究

1. 重点字词

幔　翎　昧爽　溟濛　梅霖　阘阘　瘴疠　诡谲

2. 请通读全文并分析,诸葛亮能够“借箭”成功有哪几方面的原因?

3. 除了“草船借箭”,《三国演义》中还有许多其他广为流传的故事,如“桃园三结义”“三顾茅庐”“火烧赤壁”“空城计”等。请搜集你所知道的三国小故事,在班内进行分享。

❶[诡谲(guǐjué)]奇异、怪诞。

任务二　战争之思

学习任务

本任务内的篇目内容主要为前人对战争和历史的思考及感悟。在学习时,应注意:

1. 熟读诗文,掌握生字词。
2. 树立正确的价值观,珍惜当下来之不易的和平生活。

9. 黍　离[1]

彼黍[2]离离[3],彼稷[4]之苗。行迈靡靡[5],中心摇摇[6]。知我者,谓我心忧;不知我者,谓我何求。悠悠[7]苍天,此何人哉?

彼黍离离,彼稷之穗。行迈靡靡,中心如醉。知我者,谓我心忧;不知我者,谓我何求。悠悠苍天,此何人哉?

彼黍离离,彼稷之实。行迈靡靡,中心如噎。知我者,谓我心忧;不知我者,谓我何求。悠悠苍天,此何人哉?

思考与探究

1. 重点字词

离离　靡靡　摇摇　悠悠

2. 本诗表面上是写“黍”和“稷”生长成熟的过程,实际是写京城宗庙宫室故址沧桑之变。请思考:什么是“黍离之悲”?将你的观点在班级内分享。

---

❶选自《诗经》,中华书局2018年版。本篇选自《诗经·王风》,是一首有感家国兴亡的诗。

❷[黍(shǔ)]北方的一种农作物,形似小米,有黏性。

❸[离离]一行行的样子。

❹[稷(jì)]古代一种粮食作物,指粟或黍属。

❺[靡靡]走路缓慢的样子。

❻[摇摇]心神不定的样子。

❼[悠悠]遥远的样子。

10. 词两首

永遇乐·京口北固亭怀古[1]

[宋]辛弃疾[2]

千古江山，英雄无觅孙仲谋[3]处。舞榭歌台[4]，风流[5]总被雨打风吹去。斜阳草树，寻常巷陌[6]，人道寄奴[7]曾住。想当年，金戈铁马[8]，气吞万里如虎。

元嘉[9]草草[10]，封狼居胥[11]，赢得仓皇北顾[12]。四十三年[13]，望中犹记，烽火扬州路[14]。可堪[15]回首，佛狸祠[16]下，一片神鸦社鼓[17]。凭谁问：廉颇[18]老矣，尚能饭否？

---

❶ 选自《稼轩长短句》，上海古籍出版社1989年版。京口，古城名，即今江苏镇江。

❷ 辛弃疾（1140—1207），字幼安，号稼轩，历城（今山东济南）人，南宋著名词人。有《稼轩长短句》。

❸［孙仲谋］即孙权，字仲谋，三国时江东之主，曾建都京口。

❹［舞榭歌台］用于歌舞的楼台，借指繁华的景象。榭，高台上的建筑物。

❺［风流］指英雄的业绩。

❻［寻常巷陌］普通街巷。

❼［寄奴］南朝宋武帝刘裕的小名。刘裕，字德舆，南北朝时期宋朝的建立者，生长在京口农家，并在此起事。刘裕曾两次出兵北伐，先后灭南燕、后燕、后秦，一度收复洛阳、长安等地，官至相国，封宋王，后推翻东晋，自立为帝。

❽［金戈铁马］金属制的戈，配有铁甲的战马。形容战士的雄姿。

❾［元嘉］刘裕之子刘义隆年号。

❿［草草］轻率，草率。指宋文帝刘义隆北伐准备不足，草率出兵，反而让北魏主拓跋焘抓住机会，以骑兵集团南下，兵抵长江北岸而返。

⓫［封狼居胥］封，古代在山上筑坛祭天的仪式，这里指“封山”。狼居胥，山名，即今蒙古国境内肯特山。汉代霍去病追击匈奴至狼居胥，封山而还，后来就把“封狼居胥”作为开拓疆土、建立战功的代称。

⓬［仓皇北顾］在仓皇败退中，回头北望追兵。指宋文帝刘义隆本想建立战功，结果却落得个大败而还。

⓭［四十三年］作者于高宗绍兴三十二年（1162）自北方南归，至作此词时已四十三年。

⓮［烽火扬州路］扬州一带烽火弥漫，到处都是金兵掠夺。扬州路，指今江苏扬州一带，“路”是宋代行政区域名，大致相当于现在的“省”。

⓯［可堪］怎能忍受得了。堪，忍受。

⓰［佛（bì）狸祠］北魏太武帝拓跋焘小名佛狸。450年，他曾反击刘宋，两个月的时间里，五路远征军分道并进，从黄河北岸一路穿插到长江北岸，并在瓜步山建立行宫，即后来的佛狸祠。

⓱［神鸦社鼓］神鸦，在庙里吃祭品的乌鸦。社鼓，社日祭祀时的鼓声。指到了南宋时期，当地老百姓只把佛狸当作一位神祇来祭祀供奉，而不知道他过去曾是一个皇帝，忘记了过去的历史。

⓲［廉颇］廉颇将军年纪已老，他的身体是否强健如故。廉颇，战国时赵国名将，曾为赵国立下赫赫战功，然而为奸人所害，落得离乡背井，虽愿为国效劳，却是报国无门。

念奴娇·赤壁怀古[1]

[宋]苏　轼[2]

大江[3]东去,浪淘尽,千古风流人物。故垒[4]西边,人道是:三国周郎[5]赤壁。乱石穿空,惊涛拍岸,卷起千堆雪。江山如画,一时多少豪杰。

遥想公瑾当年,小乔初嫁了[6],雄姿英发[7]。羽扇纶巾[8],谈笑间,樯橹[9]灰飞烟灭。故国神游[10],多情应笑我,早生华发[11]。人生如梦,一尊还酹江月[12]。

[金]　武元直《赤壁图卷》(局部)纸本,50.8厘米×136.4厘米

❶选自《东坡乐府》,上海古籍出版社1988年版。

❷苏轼(1037—1101),字子瞻,号东坡居士,眉州眉山(今四川眉山)人。宋神宗元丰五年(1082),苏轼经历"乌台诗案"后被贬黄州(今湖北黄冈),数次游览赤壁,写下多篇诗文,以《赤壁赋》《后赤壁赋》和《念奴娇·赤壁怀古》最负盛名。

❸[大江]指长江。

❹[故垒]过去遗留下来的营垒。

❺[周郎]指三国时吴国名将周瑜,字公瑾,少年得志,二十四岁为东吴中郎将,人称周郎。

❻[小乔初嫁了(liǎo)]小乔,乔玄次女,相传其美貌出众。小乔嫁周瑜在建安三年,为赤壁之战十年前事。以"初嫁"形容,是指周瑜少年得意,倜傥风流。

❼[雄姿英发(fā)]指周瑜体貌不凡,言谈卓绝。英发,勃发。

❽[羽扇纶(guān)巾]手摇羽扇,头戴纶巾,这是古代儒将的便装打扮。羽扇,羽毛制成的扇子。纶巾,青丝制成的头巾。

❾[樯(qiáng)橹(lǔ)]一作"强虏",这里代指曹操的水军战船。樯,挂帆的桅杆。橹,一种摇船的桨。

❿[故国神游]故国,这里指旧地,当年的赤壁战场。神游,于想象、梦境中游历。

⓫[华发(fà)]花白的头发。

⓬[一尊还(huán)酹(lèi)江月]古人祭奠以酒浇在地上祭奠。尊,通"樽",酒杯。

思考与探究

1. 重点字词

舞榭歌台　寻常巷陌　仓皇北顾　佛狸祠　乱石穿空　惊涛拍岸　江山如画　雄姿英发　羽扇纶巾　早生华发

2.《永遇乐·京口北固亭怀古》和《念奴娇·赤壁怀古》中都写到了历史中久负盛名的人物，如孙权、廉颇、周瑜等，请选择一位词中提到的人物，分析作者对人物的形象刻画有何特点，寄寓了作者怎样的感情。

3. 怀古咏史类诗词是诗人在阅读史书或游览古迹时，有感于历史人物或事件的是非而作。阅读王安石的《桂枝香·金陵怀古》，自行查找注释，并结合文中两首词思考，怀古诗词有怎样的共同特点？

桂枝香·金陵怀古

[宋]王安石

登临送目，正故国晚秋，天气初肃。千里澄江似练，翠峰如簇。征帆去棹残阳里，背西风，酒旗斜矗。彩舟云淡，星河鹭起，画图难足。

念往昔，繁华竞逐，叹门外楼头，悲恨相续。千古凭高对此，漫嗟荣辱。六朝旧事随流水，但寒烟衰草凝绿。至今商女，时时犹唱，《后庭》遗曲。

4. 有感情地朗读并背诵这两首词。

综合学习活动

听长辈讲那过去的故事

作为年轻的学生,我们资历尚浅,生活经历不那么丰富,对人生的感悟常常是“为赋新词强说愁”。但是,我们的长辈却是活生生的“教科书”,他们的经历和体会是我们的宝贵财富。班级里即将举办“口述历史”活动——听长辈讲那过去的故事,请积极参加,并填写活动评价表格。

[活动要求]

1. 以个人为单位参加,采访前,请自行组织问题,自拟采访提纲。

2. 选择家中的亲人或认识的长辈(建议年龄大于55岁),对其中一位进行采访,采访其有时代特点的成长经历,分时间段记录其生活历程,请他们谈谈自己对生活变化、时代变迁的感受。

3. 将长辈的“口述历史”完整记录,整理成一份访谈录。

[采访提纲]

表 2-1　“听长辈讲那过去的故事”活动评价表

填表人：

评分项	细则	长辈评价	教师评价	综合评价
准备工作	准备好了采访的问题，完成了采访提纲	○○○○○	○○○○○	○○○○○
访谈过程	尊重被采访的长辈，讲文明，有礼貌	○○○○○	○○○○○	○○○○○
	能够循序渐进进行提问，引导被采访的长辈完成访谈	○○○○○	○○○○○	○○○○○
访谈成果	顺利完成了访谈任务	○○○○○	○○○○○	○○○○○
	达到了预期目标，得到了所需要的访谈素材	○○○○○	○○○○○	○○○○○
	整理完成了访谈录	○○○○○	○○○○○	○○○○○
	访谈录内容翔实，可读性强	○○○○○	○○○○○	○○○○○
	访谈录能够反映时代气息	○○○○○	○○○○○	○○○○○
总评				
访谈录梗概				

“踏歌长行　梦想永在”主题演讲

春天的花娇艳动人,梦想是含苞欲放的渴望;夏天的树枝叶婆娑,梦想是生机勃勃的向往;金秋的稻低垂着头,梦想是沉甸甸的等待;严冬的雪漫天飞舞,梦想是晶莹的遐思和畅想。一个人如果没有梦想,就会迷失前行的方向,失去前进的动力。经过本任务群文章的学习,相信同学们一定有了自己对于人生的独到感悟,确定了自己的前行目标。班级内即将举行“踏歌长行　梦想永在”主题演讲,请积极参加,并完成活动评价表。

[活动要求]

1. 以个人为单位参加,每位选手的演讲限时4分钟。
2. 演讲内容围绕“踏歌长行　梦想永在”的主题展开,内容不限。
3. 可在演讲的形式上有所创新,例如播放背景音乐以创造良好的欣赏情境等。

[演讲稿内容提纲]

表2-2 “踏歌长行 梦想永在”演讲活动评价表

填表人：

评分项	评分细则	同学评价	教师评价	综合评价
主题内容	主题鲜明，思想性强	○○○○○	○○○○○	○○○○○
	联系实际，贴近生活	○○○○○	○○○○○	○○○○○
	思维敏捷，逻辑性强	○○○○○	○○○○○	○○○○○
语言表达	语言优美，准确简明	○○○○○	○○○○○	○○○○○
	抑扬顿挫，铿锵有力	○○○○○	○○○○○	○○○○○
	表达流畅，口齿清晰	○○○○○	○○○○○	○○○○○
艺术表现	富有激情，感染力强	○○○○○	○○○○○	○○○○○
	精神饱满，表情自然	○○○○○	○○○○○	○○○○○
	肢体语言，使用恰当	○○○○○	○○○○○	○○○○○
总评				
活动心得				

任务群三　人与自然

单元导语

每一个人，都是在大自然的怀抱中成长的，在与大自然亲近的过程中，我们不仅饱览了湖光山色，也受到了启迪，领悟了人生真谛。纵观历史，人类对自然的认识从茫然无知到征服改造，再到理性的反思，是一个不断进步的过程。荀子曰："天行有常，不为尧存，不为桀亡。"只有日益深刻地认识到人与自然应和谐共处，顺应自然，保护自然，人类才能与自然和平相融，构建和谐生态环境，建设美好家园。

任务一　湖光山色

学习任务

自然风景是宇宙最生动、完美的体现。本任务内的主要篇目内容为文人纵情山水并由此而生出的人生感悟，在学习时，应注意：

1. 欣赏文中描绘的美好景物，进一步练习描写景物的方法。

2. 在文学之美的熏陶中，培养善于观察的锐眼和善于感悟的慧心。

11. 蜀道难[1]

[唐]李　白

噫吁嚱[2],危乎高哉！蜀道之难,难于上青天！蚕丛及鱼凫[3],开国何茫然[4]！尔来四万八千岁[5],不与秦塞[6]通人烟。西当太白有鸟道[7],可以横绝[8]峨眉巅。地崩山摧壮士死[9],然后天梯石栈相钩连。上有六龙回日之高标[10],下有冲波逆折之回川[11]。黄鹤[12]之飞尚不得过,猿猱[13]欲度愁攀援。青泥何盘盘[14],百步九折萦岩峦[15]。扪参历井仰胁

---

❶ 选自《全唐诗》,上海古籍出版社1986年版。李白(701—762),字太白,号青莲居士,唐代诗人。本诗大约作于唐玄宗天宝初年(742)。

❷ [噫吁嚱(xī)]惊叹声,蜀地方言,表示惊讶的声音。

❸ [蚕丛及鱼凫(fú)]传说中古蜀国两位君主的名字。

❹ [开国何茫然]开国的事迹已经难以考证。何,多么。茫然,渺茫遥远的样子。

❺ [尔来四万八千岁]从开国至今极为遥远。四万八千岁,极言年代久远,不是实指。

❻ [秦塞]秦的关塞,指秦地。秦地四周有山川险阻,故称"四塞之地"。

❼ [西当太白有鸟道]西边太白山有飞鸟能过的小道。西当,西对。太白,指太白山,又名太乙山,在今陕西眉县、太白县一带。鸟道,指连绵高山间的低缺处,只有鸟能飞过,人迹所不能至。

❽ [横绝]横越。

❾ [地崩山摧壮士死,然后天梯石栈相勾连]多少壮士在地崩山裂中死去,然后才有一条天梯似的栈道互相勾连。《华阳国志·蜀志》记载:秦惠王想征服蜀国,知道蜀王好色,答应送给他五个美女。蜀王派五位壮士去接人。回到梓潼(今四川剑阁之南)的时候,看见一条大蛇进入穴中,一位壮士抓住了它的尾巴,其余四人也来相助,用力往外拽。不多时,山崩地裂,壮士和美女都被压死,山分为五岭,入蜀之路遂通。这便是有名的"五丁开山"的故事。摧,倒塌。天梯,非常陡峭的山路。

❿ [上有六龙回日之高标]形容岭上山路极其高峻。六龙回日,神话传说,羲和驾驭着六龙拉的车载着太阳,由东向西运行,太阳落于虞泉,羲和回车。标,标识。

⓫ [下有冲波逆折之回川]形容山下河流汹涌险恶。冲波,水流冲击腾起的波浪,这里指激流。逆折,水流回旋。回川,有漩涡的河流。

⓬ [黄鹤]即黄鹄(hú),善于高飞的大鸟。

⓭ [猿猱(náo)]猿的一种,善攀援。

⓮ [青泥何盘盘]青泥岭曲折盘桓。青泥,即青泥岭,在今甘肃徽县南、陕西略阳县北。盘盘,曲折回旋的样子。

⓯ [百步九折萦岩峦]百步的山路就要绕九道弯,形容山路蜿蜒曲折。九,形容多。萦,盘绕。岩峦,山峰。

息[1]，以手抚膺[2]坐长叹。

问君西游何时还？畏途[3]巉岩[4]不可攀。但见悲鸟号古木[5]，雄飞雌从绕林间。又闻子规[6]啼夜月，愁空山。蜀道之难，难于上青天，使人听此凋朱颜[7]！连峰去天不盈尺，枯松倒挂倚绝壁。飞湍[8]瀑流争喧豗[9]，砯崖[10]转石万壑雷。其险也如此，嗟尔远道之人胡为乎[11]来哉！

剑阁峥嵘而崔嵬[12]，一夫当关，万夫莫开。所守或匪亲，化为狼与豺[13]。朝避猛虎，夕避长蛇；磨牙吮血，杀人如麻。锦城[14]虽云乐，不如早还家。蜀道之难，难于上青天，侧身西望长咨嗟[15]！

思考与探究

1．重点字词

噫吁嚱　天梯石栈　猿猱　岩峦　抚膺　巉岩　飞湍　喧豗　砯崖　崔嵬　咨嗟

---

❶［扪(mén)参(shēn)历井仰胁息］在蜀道上抬手就可以摸到天上的星星，仰头望令人紧张得屏住呼吸。形容蜀道之高。扪，用手摸。参、井是二星宿名，古人把天上的星宿分别指配于地上的州国，叫作“分野”，以便通过观察天象来占卜地上所配州国的吉凶，参星为蜀之分野，井星为秦之分野。历，经过。胁息，屏气不敢呼吸。

❷［膺(yīng)］胸。

❸［畏途］可怕的路途。

❹［巉(chán)岩］险恶陡峭的山壁。

❺［号古木］在古树木中大声啼鸣。

❻［子规］即杜鹃，蜀地最多，鸣声悲哀，传说为蜀王杜宇魂魄所化，声若云“不如归去”。

❼［凋朱颜］青春容颜黯然失色。凋，使……凋谢，这里指脸色由红润变成铁青。

❽［飞湍(tuān)］飞奔而下的急流。

❾［喧豗(huī)］喧闹声，这里指急流和瀑布发出的巨大响声。

❿［砯(pīng)崖］水撞石之声。砯，水冲击石壁发出的响声，这里指冲击。转，使滚动。

⓫［胡为乎］为什么。胡，何。

⓬［剑阁峥嵘而崔嵬(wéi)］剑门关高峻而气象非凡。剑阁，又名剑门关，在四川剑阁县北，是大、小剑山之间的一条栈道，长约三十余里。峥嵘、崔嵬，都是形容山势高大雄峻的样子。

⓭［所守或匪亲，化为狼与豺(chái)］守卫倘若不是可信赖的人，必成祸患。匪，同“非”。

⓮［锦城］成都古代以产棉闻名，朝廷曾经设官于此，专收棉织品，故称锦城或锦官城。

⓯［咨嗟］叹息。

2．请思考,诗人是从哪几个方面来分析蜀道的雄奇高峻的？又用了怎样的手法来描写蜀道的“难”？

3．阅读下列诗歌,回答问题。

《行路难三首》(其二)

［唐］李　白

大道如青天,我独不得出。
羞逐长安社中儿,赤鸡白雉赌梨栗。
弹剑作歌奏苦声,曳裾王门不称情。
淮阴市井笑韩信,汉朝公卿忌贾生。
君不见昔时燕家重郭隗,拥篲折节无嫌猜。
剧辛、乐毅感恩分,输肝剖胆效英才。
昭王白骨萦蔓草,谁人更扫黄金台？
行路难,归去来！

请思考,首句“大道如青天,我独不得出”与《蜀道难》中“蜀道之难,难于上青天”同提到“青天”,所表达的感情有何不同？

4．有感情地朗读并背诵《蜀道难》。

12. 杜甫诗两首[1]

旅夜书怀

细草微风岸，危樯[2]独夜舟。
星垂平野阔，月涌大江流。
名岂文章著，官应老病休[3]。
飘飘何所似，天地一沙鸥。

登　高

风急天高猿啸哀[4]，渚清沙白鸟飞回[5]。
无边落木[6]萧萧[7]下，不尽长江滚滚来。
万里悲秋常作客，百年[8]多病独登台。
艰难苦恨[9]繁霜鬓，潦倒新停[10]浊酒杯。

思考与探究

1．重点字词

危樯　渚清沙白　霜鬓　潦倒　新停

2．王夫之《姜斋诗话》说："情景虽有在心在物之分，而景生情，情生景……互藏其宅。"情景互藏其宅，即寓情于景和寓景于情。前者写宜于表达诗人所要抒发的情的景

---

❶ 选自《杜诗详注》，中华书局2015年版。《旅夜书怀》作于代宗永泰元年（765），诗人由华州解职离成都去重庆途中，流露了诗人奔波不遇之情。《登高》作于唐代宗大历二年（767），当时杜甫流寓夔州（今重庆奉节），登高而感。

❷［危樯（qiáng）］高高的桅杆。危，高。

❸［名岂文章著，官应老病休］有点名声，哪里是因为我的文章好呢？做官，倒应该因为年老多病而退休。

❹［猿啸哀］指猿的叫声凄厉。

❺［回］回旋。

❻［落木］落叶。

❼［萧萧］风吹落叶的声响。

❽［百年］指到了晚年。

❾［苦恨］极恨，极其遗憾。苦，极。

❿［新停］刚刚停止。杜甫晚年因病戒酒，故言"新停"。

物,使情藏于景中;后者不是抽象地写情,而是在写情中藏有景物。请思考,这两首杜甫的诗是如何做到“情景互藏其宅”的?请结合具体诗句进行分析。

3. 有感情地朗读并背诵这两首诗。

任务二　自然之思

学习任务

本任务内的文章体现了人类对如何与自然和谐共处的思考和对于科学技术及自然奥秘的不懈探索。在学习时，应注意：

1．欣赏不同体裁的文本，体会它们不同的表达方式。

2．尝试辩证地思考人与自然的关系，形成自己的观点。

3．认识中国古代科技曾经的辉煌成就，关注现代科技的发展方向，培养热爱科学的情怀。

13. 飞鸟集(节选)[1]

[印度]泰戈尔

一

夏天的飞鸟,飞到我的窗前唱歌,又飞去了。

秋天的黄叶,它们没有什么可唱,只叹息一声,飞落在那里。

二

如果错过了太阳时你流了泪,那么你也要错过群星了。

三

忧思在我的心里平静下去,正如傍晚的暮色降临在寂静的山林之中。

四

人是一个初生的孩子,他的力量,就是生长的力量。

五

水里的游鱼是沉默的,陆地上的兽类是喧闹的,空中的飞鸟是歌唱着的。

但是人类却兼有了海里的沉默,地上的喧闹,与空中的音乐。

六

我的白昼已经完了,我像一只泊在海滩上的小船,谛听[2]着晚潮跳舞的乐声。

---

❶ 选自《泰戈尔诗选》,人民文学出版社2015年版。泰戈尔(1861—1941),印度伟大诗人、画家、哲学家和社会活动家。本篇节选自其散文诗作品《飞鸟集》,译者郑振铎。

❷ [谛听]注意地听,仔细听。

七

谢谢火焰给你光明，但是不要忘了那执灯的人，他是坚韧地站在黑暗当中呢。

八

小草呀，你的足步虽小，但是你拥有你足下的土地。

九

瀑布歌道，“虽然渴者只要少许的水便够了，我却很快活地给予了我全部的水。”

十

使生如夏花之绚烂，死如秋叶之静美。

十一

“你离我有多远呢，果实呀。”

“我是藏在你的心里呢，花呀。”

十二

世界早已在早晨敞开了它的光明之心。

出来吧，我的心，带了你的爱去与它相会。

思考与探究

1．重点字词

谛听

2.《飞鸟集》是一部富有哲理的散文诗集。请选出你觉得最美的，或最能引发你感悟的句子，抄写在作业本上。

14.《天工开物》两则[1]

[明]宋应星[2]

治 铁

凡治铁成器，取已炒熟铁[3]为之。先铸铁成砧[4]，以为受锤之地。谚云万器以钳为祖，非无稽之说[5]也。凡出炉熟铁名曰毛铁。受锻之时，十耗其三为铁华、铁落[6]。若已成废器未锈烂者，名曰劳铁[7]，改造他器与本器，再经锤锻，十止耗去其一也。凡炉中炽铁用炭，煤炭居十七，木炭居十三[8]。凡山林无煤之处，锻工先择坚硬条木烧成火墨[9]俗名火矢，扬烧不闭穴火[10]，其炎更烈于煤。即用煤炭，也别有铁炭[11]一种，取其火性内攻、焰不虚腾[12]者，与炊炭[13]同形而分类也。

凡铁性逐节粘合，涂上黄泥于接口之上，入火挥槌，泥滓成枵而去[14]，取其神气为媒

---

[1] 选自《天工开物译注》，上海古籍出版社2013年版，潘吉星译注。《天工开物》是世界上第一部关于农业和手工业生产的综合性著作，是中国历史上伟大的科技著作，其特点是图文并茂，注重实际，重视实践。它对中国古代的各项技术进行了系统地总结，构成了一个完整的科学技术体系。

[2] 宋应星(1587—约1666)，中国明末科学家，字长庚，奉新(今属江西)人。

[3] [熟铁]又称锻铁，由铁矿石用碳直接还原，或生铁经融化并将杂质氧化而得到的产物，有韧性、延性，容易锻造和焊接。

[4] [砧]锤锻铁器时的底座。

[5] [无稽之说]没有根据，无从考查的话。

[6] [铁华、铁落]二者都是锻造时的损耗物。

[7] [劳铁]废铁。

[8] [凡炉中炽铁用炭，煤炭居十七，木炭居十三]炼铁炉中的燃料，煤炭占十分之七，木炭占十分之三。

[9] [火墨]坚硬木炭。

[10] [扬烧不闭穴火]燃烧时不会变为碎末堵塞通风口。

[11] [铁炭]火焰低的碎煤。

[12] [火性内攻、焰不虚腾]燃烧时火势向内、火焰不虚散。

[13] [炊炭]烧饭用的煤炭。

[14] [入火挥槌，泥滓(zǐ)成枵(xiāo)而去]放在火中烧红后捶打，将泥滓打去。枵，空虚，这里指经过锤打，泥沙飞得一干二净了。

合[1]。胶结之后非灼红斧斩，永不可断也。凡熟铁、钢铁已经炉锤，水火未济[2]，其质未坚。乘其出火之时，入清水淬[3]之，名曰健钢、健铁。言乎未健之时为钢为铁，弱性犹存也。凡焊铁之法，西洋诸国别有奇药。中华小焊用白铜末，大焊则竭力挥锤而强合之[4]。历岁之久，终不可坚[5]。故大炮西番[6]有锻[7]成者，中国则惟事冶铸[8]也。

漕　舫

凡京师为军民集区，万国水运以供储，漕舫所由兴也[9]。元朝混一[10]，以燕京为大都。南方运道由苏州刘家港、海门黄连沙开洋[11]，直抵天津，制度用遮洋船[12]。永乐[13]间因之。以风涛多险，后改漕运[14]。平江伯陈某[15]始造平底浅船，则今粮船之制也。

粮船初制[16]，底长五丈二尺[17]，其板厚二寸，采巨木，楠为上，栗次之。头长九尺五

---

❶［取其神气为媒合］只是用它的气作为接合的媒介。在接口处涂上黄泥，主要是起保护作用，防止铁水从接口尖薄处流失，也防止铁水的表面氧化。

❷［水火未济］水火作用尚未调和。

❸［淬（cuì）］淬火，把烧红了的铸件往液体里一浸后立刻取出来，用以提高合金的硬度和强度。

❹［大焊则竭力挥锤而强合之］大件的锻接则竭力挥锤而强行接合。

❺［终不可坚］（接口）终究不牢。

❻［西番］西洋。

❼［锻］用锤击等方法，使可塑状态下的金属材料成为一定形状和尺寸的器物。

❽［冶铸］将金属材料熔化之后，倒入砂型或者模子中，冷却使之成型。

❾［漕舫所由兴也］这就是漕船兴起的原因。

❿［混一］指统一全国。

⓫［开洋］船只出发。

⓬［遮洋船］有遮洋设备的船。“遮洋”是舷墙一类的防护设备，备通常用竹木制成，有航行防水和战斗防御作用，具有一定的高度和坚固度。

⓭［永乐］明成祖朱棣的年号（1403—1424）。

⓮［漕运］指利用水道运输粮食，供应京城或接济军需。

⓯［平江伯陈某］陈瑄（1365—1433），字彦纯，合肥人，1402年任右军都督佥事，协助明成祖渡江有功，被封为平江伯。

⓰［初制］最初的形制。

⓱［尺］明代一尺为31.1厘米，一丈为十尺，一尺为十寸。

寸,梢[1]长九尺五寸。底阔九尺五寸,底头阔六尺,底梢阔五尺。头伏狮[2]阔八尺,梢伏狮阔七尺,梁头[3]一十四座。龙口梁阔一丈,深[4]四尺。使风梁阔一丈四尺,深三尺八寸。后断水梁阔九尺,深四尺五寸。两厫[5]共阔七尺六寸。此其初制,载米可近二千石交兑每只止足五百石。后运军造者私增身长二丈,首尾阔二尺余,其量可受三千石。而运河闸口原阔一丈二尺,差可渡过[6]。凡今官坐船,其制尽同,第窗户之间宽其出径,加以精工彩饰而已。

凡木色桅用端直杉木,长不足则接,其表铁箍逐寸包围[7]。船窗前道,皆当中空阙[8],以便树桅[9]。凡树中桅,合并数巨舟承载,其末长缆系表而起[10]。梁与枋樯[11]用楠

❶[梢(shāo)]通“艄”,船尾。

❷[伏狮]指船体首尾横穿两边船枋的大横木。

❸[梁头]指横贯船身的大梁,即两侧船壁中间架设的横木。

❹[深]即梁与船底之间的距离。

❺[厫(áo)]通“廒”,船舱。

❻[差可渡过]勉强可以驶过。

❼[其表铁箍逐寸包围]其外表用铁箍逐寸包紧。

❽[空阙]间隔。

❾[桅]船中间直立的架帆的长木杆,即桅杆。

❿[其末长缆系表而起]桅杆一端系以长绳并吊起。

⓫[枋(fāng)樯(qiáng)]枋和樯。枋,由大方木一条条拼接而成的船体四壁。樯,指船上挂风帆的桅杆。

木、楮[1]木、樟木、榆木、槐木樟木春夏伐者，久则粉蛀。栈板[2]不拘何木。舵杆用榆木、榔木、楮木，关木棒[3]用椆[4]木、榔木，橹用杉木、桧[5]木、楸[6]木。此其大端[7]云。

思考与探究

1. 重点字词

无稽之说　水火未济　冶铸　桧木　楸木　大端

2.《天工开物》是古代科技方面的经典著作，体现了中国古代科技的伟大成就，虽然行文简单，亦可反映古代说明文的面貌。阅读两则选段，请总结：文章的说明顺序是怎样的？采用了什么方法进行说明？

3. 课文节选的两则文章，在语言表达及叙述风格上有什么特点？试用自己的话进行总结。

4.《漕舫》一则介绍了明朝时漕船的情况。“漕运”是我国历史上一项重要的经济措施，明清两代，忙碌于京杭大运河之上的漕运是维持国家正常运转的一根生命线，而京杭大运河的北起点正位于北京通州。请在课后自行查询资料，了解漕运的历史和“通州”之名的由来，在班级里与同学们进行分享。

---

❶［楮(zhū)］一种乔木，木材坚硬，可制器具。

❷［栈板］船底和甲板。

❸［关木棒］关门棒。

❹［椆(diāo)］古代的一种树名。

❺［桧(guì)］一种乔木，即圆柏。木材桃红色，有香味，可供建筑等用。

❻［楸(qiū)］一种乔木，干高叶大，木材质地致密，耐湿，可造船，亦可做器具。

❼［大端］大致情形。

综合学习活动

神奇的自然之旅

你是否对自然界有过好奇之心？是否也因此产生了探索自然的兴趣？请利用课余时间，走进自然博物馆，去了解生物的起源和亿万年来的演化进程，去感知花的盛开、种子的传播、动物的进化等自然界背后的秘密，参与互动式的科普体验活动，在欢乐轻松的氛围中，展开一场神奇的“自然之旅”，并完成活动评价表。

[活动过程记录]

表 3-1　“神奇的自然之旅”实践活动评价表

填表人：

活动地点	
介绍你最感兴趣的展厅（可用图片、照片、文字等方式）	
介绍你觉得最有意义的互助体验活动	
本次活动的收获与体会	
教师评价	

“自然的奥秘”知识分享会

大自然的每一个领域都是美妙绝伦的。每一处、每一种事物都有自己的秘密。请结合阅读过的科普作品或相关影视资料,举办一次“自然的奥秘”知识分享会。各小组根据兴趣自由组合,选取不同动植物种类,分别准备内容,做成PPT课件,在班级展示交流并填写活动请假表。

[活动过程记录]

表 3-2　“自然的奥秘”知识分享会活动评价表

填表人：

小组成员		所选内容		
评分项		组内评价	班级评价	教师评价
内容	内容科学、正确、规范，取材适宜，引用资料准确无误	○○○○○	○○○○○	○○○○○
多媒体制作	课件制作美观，设计新颖	○○○○○	○○○○○	○○○○○
	有照片、视频辅助分享，效果良好	○○○○○	○○○○○	○○○○○
表达	语言表达流畅自然，举止大方	○○○○○	○○○○○	○○○○○
	时间控制得当，现场互动良好	○○○○○	○○○○○	○○○○○
各项最终得分		○○○○○	○○○○○	○○○○○
总分				
活动自评表				
本次活动我作了充足的准备				
我代表小组到班级内进行了分享				
我认真聆听了其他同学的分享				
我从分享会中得到了收获				
心得体会				

任务群四　悠悠商道

单元导语

“天下熙熙，皆为利来；天下攘攘，皆为利往。”商业的本源是利益，在商言商，就要讲商道。商道，道必居于先，商则居于后，行商之道、经营之道犹如兵道，商场如战场，有道而无术者有商亦无商，有术无道者有路亦无商。如今我们崇尚的商道，既回归传统又追寻创新，既讲仁爱精神，又要有理性的光辉；无论是“从商”还是“为人”，都要树立正确的价值观，恪守职业道德，追求人生意义。

任务一　取之有道

学习任务

本任务内的篇目为古代散文和诗歌。在学习时，应注意：

1. 归纳故事情节和诗歌主旨。
2. 通过对文章的学习，树立正确的价值观，正确认识、看待金钱和财富。

15. 宋清传[1]

[唐]柳宗元[2]

宋清,长安西部药市人也,居[3]善药。有自山泽[4]来者,必归宋清氏,清优主之。长安医工得清药辅其方,辄[5]易雠[6],咸誉清。疾病疕[7]疡[8]者,亦皆乐就清求药,冀[9]速已。清皆乐然响应,虽不持钱者,皆与善药,积券[10]如山,未尝诣[11]取直。或不识遥与券,清不为辞。岁终,度[12]不能报,辄焚券,终不复言。市人以其异,皆笑之曰:"清,蚩妄[13]人也。"或曰:"清其有道者欤[14]?"清闻之曰:"清逐利以活妻子耳,非有道也。然谓我蚩妄者亦谬。"

清居药四十年,所焚券者百数十人,或至大官,或连数州,受俸[15]博,其馈遗[16]清者,相属[17]于户。虽不能立报,而以赊死者千百,不害清之为富也。清之取利远,远故大,岂

---

❶选自《柳河东集》卷十七,上海古籍出版社1993年版。

❷柳宗元(773—819),字子厚,唐代河东(今山西运城)人,杰出文学家、哲学家、儒学家乃至成就卓著的政治家,世称"柳河东",唐宋八大家之一。

❸[居]积蓄,储存。

❹[山泽]泛指山野。

❺[辄(zhé)]总是,就。

❻[雠(chóu)]售,给价。

❼[疕(bǐ)]头疮。

❽[疡(yáng)]溃烂。

❾[冀]希望。

❿[券]古代的契据,常分为两半,双方各执其一,现代指票据或作凭证的纸片。

⓫[诣]前往,去到。

⓬[度(duó)]估计,推测。

⓭[蚩(chī)妄(wàng)]痴愚狂妄。

⓮[欤(yú)]文言助词,表示疑问、感叹、反诘等语气。

⓯[俸(fèng)]官员等所得的薪金。

⓰[馈(kuì)遗]赠与财物。

⓱[相属(zhǔ)]连续不断。

若小市人哉？一不得直，则怫然[1]怒，再则骂而仇耳。彼之为利，不亦翦翦[2]乎？吾见蚩之有在也。清诚以是得大利，又不为妄，执其道不废，卒以富。求者益众，其应益广。或斥弃[3]沉废，亲与交，视之落然[4]者，清不以怠遇其人，必与善药如故。一旦复柄用[5]，益厚报清。其远取利皆类此。

吾观今之交乎人者，炎而附，寒而弃，鲜[6]有能类清之为者。世之言，徒曰"市道交[7]"。呜呼！清，市人也，今之交有能望报如远之清者乎？幸而庶几[8]，则天下之穷困废辱得不死亡者众矣。市道交岂可少耶，或曰："清非市道人也"。柳先生曰："清居市不为市之道，然而居朝廷、居官府、居庠塾[9]乡党以士大夫自名者，反争为之不已，悲夫！然则清非独异于市人也。"

思考与探究

1．重点字词

雠　蚩妄　馈遗　怫然　翦翦

2．市人议论宋清，有人嘲笑他是"蚩妄人"，有人称赞他是"有道者"。宋清自己说"清逐利以活妻子耳，非有道也"。对此，你怎么看？请结合文章内容说明理由。

3．宋清不过一个普通市井之人，而非一般世人的"市道交 "所能比。作者对此深为感慨，认为世上如幸而有类似宋清之"市道交"的，则天下陷于困境的人，将不知有多少得救。作者认可的"市道交"应该是什么样的？请结合全文，谈谈你的理解。

---

[1] [怫(fú)然]生气的样子。

[2] [翦翦(jiǎn)]狭隘，浅薄。

[3] [斥(chì)弃]黜免。

[4] [落然]孤寂，惆怅，落寞。

[5] [柄用]指被信任而掌权，亦指被任用。

[6] [鲜(xiǎn)]少。

[7] [市道交]以商人买卖逐利的方式结交朋友。比喻势利之交。

[8] [庶几(jī)]差不多，近似。

[9] [庠(xiáng)塾(shú)]泛称地方学校。

16. 古诗两首

题长安壁主人[1]

[唐]张　谓[2]

世人结交须黄金，
黄金不多交不深。
纵令[3]然诺[4]暂相许，
终是悠悠[5]行路心[6]。

---

❶ 选自《全唐诗》,上海古籍出版社1986年版。

❷ 张谓(生卒年不详),唐朝诗人,字正言,河内(今河南沁阳市)人。

❸ [纵令]纵然,即使。

❹ [然诺]许诺。然,答应,信守。

❺ [悠悠]平淡的样子。

❻ [行路心]仿佛路上行人一样的心理。

咏　钱[1]

[清]袁　枚[2]

人生薪水[3]寻常事，动辄烦君[4]我亦愁。
解用何尝非俊物，不谈未必定清流[5]。
空劳姹女[6]千回数，屡见铜山[7]一夕休。
拟把婆心[8]向天诉，九州添设富民侯[9]。

思考与探究

1．重点字词

纵令　悠悠　姹女

2．朗读《题长安壁主人》一诗，结合具体文本，说说标题中的“长安壁主人”是一个什么样的人。

3．文学是反映社会的一面镜子。结合相关背景资料，思考：《题长安壁主人》反映了当时怎样的社会现实？

4．西晋名士王衍因雅癖，而从不言“钱”字。其妻故意将铜钱堆绕床前，晨起，呼婢“举却阿堵物”，仍不言“钱”，用以表示雅尚玄远，视金钱如粪土。《咏钱》这首诗却将钱以“君”相称，并以咏之，请结合诗歌内容谈一谈：袁枚表达了怎样的“金钱观”？

---

❶选自《袁枚全集新编》，浙江古籍出版社2018年版。

❷袁枚（1716—1797），清代诗人、散文家。字子才，号简斋，晚年自号仓山居士、随园主人、随园老人，钱塘（今浙江杭州）人。

❸[薪水]借代柴米油盐之事。

❹[君]即题目所指“钱”。

❺[清流]有名望而清高的人。

❻[姹女]少女。相传，东汉灵帝的母亲永乐太后曾专用河间女工数钱。

❼[铜山]汉文帝赐宠臣邓通以蜀郡严道铜山，得自铸钱，而致巨富。后以“邓氏铜山”指财源或致富之资。

❽[婆心]仁慈之心。

❾[富民侯]安天下、富百姓的高官。汉武帝晚年，悔以江充谮杀卫太子据，又悔征伐连年。会车千秋上书为卫太子鸣冤，因擢升为大鸿胪，数月后又代刘屈厘为丞相，封富民侯，取“大安天下，富实百姓”之意。

17. 古诗三首

贾客词[1]

[唐]刘　驾[2]

贾客[3]灯下起,犹言发[4]已迟。
高山有疾路[5],暗行终不疑。
寇盗[6]伏其路,猛兽来相追。
金玉四散去,空囊委[7]路岐[8]。
扬州有大宅,白骨无地归。
少妇当此日,对镜弄花枝。

❶ 选自《全唐诗》,上海古籍出版社1986年版。

❷ 刘驾(生卒年不详),字司南,江东人。

❸ [贾(gǔ)客]商人。

❹ [发]出发。

❺ [疾路]疾径。

❻ [寇(kòu)盗]盗贼。

❼ [委]抛弃,舍弃。

❽ [路岐(qí)]岔路。

长干行·其一[1]

[唐]李　白[2]

妾发初覆额，折花门前剧。
郎骑竹马来，绕床[3]弄青梅。
同居长干里，两小无嫌猜，
十四为君妇，羞颜未尝开。
低头向暗壁，千唤不一回。
十五始展眉，愿同尘与灰。
常存抱柱信[4]，岂上望夫台。
十六君远行，瞿塘滟滪堆[5]。
五月不可触，猿声天上哀。
门前迟行迹，一一生绿苔。
苔深不能扫，落叶秋风早。
八月蝴蝶来，双飞西园草。
感此伤妾心，坐愁红颜老。
早晚下三巴，预将书报家。
相迎不道远，直至长风沙[6]。

---

❶ 选自《全唐诗》，上海古籍出版社1986年版。

❷ 李白（701—762），字太白，号青莲居士，唐代伟大的浪漫主义诗人，被后人誉为“诗仙”，与杜甫并称为“李杜”。

❸［床］井栏，后院水井的围栏。

❹［抱柱信］相传，尾生与一女子相约于桥下，女子未到而突然涨水，尾生守信而不肯离去，抱着柱子被水淹死。典出《庄子·盗跖篇》。

❺［滟滪堆］三峡之一瞿塘峡峡口的一块大礁石。农历五月涨水没礁，船只易触礁翻沉。

❻［长风沙］地名，在今安徽省安庆市的长江边上。

长干行·其二

[唐]李　白

忆妾深闺里,烟尘不曾识。
嫁与长干人,沙头❶候❷风色❸。
五月南风兴,思君下巴陵❹。
八月西风起,想君发扬子。
去来悲如何,见少离别多。
湘潭几日到,妾梦越风波。
昨夜狂风度,吹折江头树。
渺渺❺暗无边,行人在何处。
好乘浮云骢❻,佳期兰渚❼东。
鸳鸯绿蒲上,翡翠❽锦屏中。
自怜十五余,颜色桃花红。
那作商人妇,愁水又愁风。

思考与探究

1. 重点字词

贾客　路岐　渺渺

2. 朗读诗歌,概括《贾客词》中描述的两个场景。(每个场景概括不超过6个字)

---

❶[沙头]沙滩边,沙洲边。

❷[候]观测。

❸[风色]刮风的情况。

❹[巴陵]山名,郡名在今湖南岳阳。

❺[渺渺]水势浩大的样子。

❻[云骢(cōng)]骏马,因奔驰如腾云,故称。

❼[渚(zhǔ)]水中小块陆地。

❽[翡翠]动物名,一种鸟。

3．结合全诗，赏析《贾客词》中“少妇当此日，对镜弄花枝”这一场景丰富的艺术效果。

4．同样是写商妇的爱情和离别，两首《长干行》的写作内容和手法有何异同？你更喜欢哪一首？请说明理由。

任务二　经营智慧

学习任务

本任务内的篇目为文言文，其中，《王成》为古代小说。在学习时，应注意：

1. 总结前人的经商智慧，思考经济政策对经济产生的影响。
2. 思考“义”与“利”的关系，树立正确的价值观。

18. 轻　重[1]

《管子》[2]

桓公问于管子曰："楚者，山东[3]之强国也，其人民习战斗之道。举兵伐之，恐力不能过。兵弊[4]于楚，功不成于周[5]，为之奈何？"管子对曰："即以战斗之道与之矣。"公曰："何谓也？"管子对曰："公贵买[6]其鹿。"桓公即为百里之城，使人之[7]楚买生鹿。楚生鹿当一而八万[8]。管子即令桓公与民通轻重[9]，藏谷什之六[10]。令左司马伯公将白徒而铸钱于庄山[11]，令中大夫王邑载钱二千万，求生鹿于楚。楚王闻之，告其相曰："彼金钱，人之所重也，国之所以存，明王之所以赏有功。禽兽者群害也[12]，明王之所弃逐也。今齐以其重宝贵买吾群害，则是楚之福也，天且以齐私楚也。子告吾民急求生鹿，以尽齐之宝。"楚人即释其耕农而田鹿[13]。管子告楚之贾人曰："子为我致生鹿二十，赐子金百斤。

---

❶ 节选自《管子》，中华书局2019年版。

❷《管子》是春秋时代齐国著名政治家管仲的一部经典思想巨著。一般认为，《管子》并非一时一人之作，其主体是战国时期齐国一部分稷下学者总结阐述管仲辅佐齐桓公称霸历史经验的著作。西汉末年，经刘向整理，定为八十六篇，现仅存七十六篇。《管子》是一部汇聚百家学说的著作，其特色是以"轻重"之术（即利用市场物价波动的规则）实现富国强兵目标的经济思想。本文节选自《管子·轻重戊》。

❸ [山东]指函谷关以东。

❹ [弊]败。

❺ [功不成于周]不能为周天子立功。

❻ [贵买]高价收入。

❼ [之]到。

❽ [当一而八万]一头值八万钱。

❾ [轻重]指轻重之术，广义上说是指君王处理诸多政事的权衡之术。《管子》中的"轻重"指国家控制商品流通和与社会经济生活有关的内容，用轻重理论控制商品流通的具体措施，称为轻重之术，包括平衡物价、国家专营、调控货币、战略物资国有等一整套完整的国家高度集权的经济管理模式。

❿ [什之六]十分之六。

⓫ [将白徒而铸钱于庄山]率领士兵到庄山铸币。将，率领。白徒，未经训练的士兵。

⓬ [禽兽者群害也]禽兽，是人们的祸害。

⓭ [田鹿]猎鹿。田，猎取。

什至而金千斤也。则是楚不赋于民而财用足也。”楚之男于居外,女子居涂❶。隰朋❷教民藏粟五倍,楚以生鹿藏钱五倍。管子曰:“楚可下❸矣。”公曰:“奈何?”管子对曰:“楚钱五倍,其君且自得而修谷❹。钱五倍,是楚强也。”桓公曰:“诺。”因令人闭关,不与楚通使。楚王果自得而修谷,谷不可三月而得也,楚籴❺四百,齐因令人载粟处芊❻之南,楚人降齐者十分之四。三年而楚服。

桓公问于管子曰:“代国❼之出,何有?”管子对曰:“代之出,狐白之皮❽,公其贵买之。”管子曰:“狐白应阴阳之变,六月而壹见❾。公贵买之,代人忘其难得,喜其贵买,必相率而求之。则是齐金钱不必出,代民必去其本而居山林之中。离枝❿闻之,必侵其北。离枝侵其北,代必归于齐。公因令齐载金钱而往。”桓公曰,“诺。”即令中大夫王师北将人徒载金钱之代谷之上,求狐白之皮。代王闻之,即告其相曰:“代之所以弱于离枝者,以无金钱也。今齐乃以金钱求狐白之皮,是代之福也。子急令民求狐白之皮以致齐之币,寡人将以来离枝之民。”代人果去其本,处山林之中,求狐白之皮。二十四月而不得一⓫。离枝闻之,则侵其北。代王闻之,大恐,则将其士卒葆⓬于代谷之上。离枝遂侵其北,王即将其士卒愿以下齐。齐未亡一钱币,修使三年而代服。

桓公问于管子曰:“吾欲制衡山之术,为之奈何?”管子对曰:“公其令人贵买衡山之械器而卖之。燕、代必从公而买之,秦、赵闻之,必与公争之。衡山之械器必倍其贾,天下争之,衡山械器必什倍以上。”公曰:“诺。”因令人之衡山求买械器,不敢辩其贵贾。齐修械器于衡山十月,燕、代闻之,果令人之衡山求买械器,燕、代修三月,秦国闻之,果

---

❶[居涂]奔波在路上。

❷[隰(xí)朋]姜姓,出身于齐国公族,春秋时期著名的齐国大夫,与管仲、鲍叔牙等共同辅佐齐桓公。

❸[下]攻下,征服。

❹[自得而修谷]以自鸣得意的心情经营农业生产。修谷,从事农业生产。

❺[籴(dí)]买进粮食。

❻[芊]楚国靠近齐国的地方。

❼[代国]战国时期国名,其地在恒山以北,南邻赵国。

❽[狐白之皮]即狐白裘。冬季狐狸腋下之皮毛色白而温软厚实,用其制成之裘极其贵重。

❾[狐白应阴阳之变,六月而壹见]狐白适应寒暑变化,六个月才出现一次。狐冬、夏都会换毛,故言。

❿[离枝]北方国名。

⓫[二十四月而不得一]二十四个月得到的狐白也不够制成一件狐白裘。

⓬[葆]退守,保卫。

令人之衡山求买械器。衡山之君告其相曰,"天下争吾械器,令其买再什以上❶。"衡山之民释其本,修械器之巧。齐即令隰朋漕粟千赵❷。赵籴十五,隰朋取之石五十。天下闻之,载粟而之齐。齐修械器十七月,修粜❸五月,即闭关不与衡山通使。燕、代、秦、赵即引其使而归。衡山械器尽,鲁削衡山之南,齐削衡山之北。内自量无械器以应二敌,即奉国而归齐矣。

思考与探究

1. 重点字词

轻重　居涂

2. 用自己的话说一说管仲的"战斗之道"是什么?

3. 在下面每个人物后写出恰当的熟语或成语,用来评价人物在文中的表现。

①桓公

②管子

③衡山之君

❶[再什以上]二十倍以上。

❷[漕粟千赵]通过水上运输向赵国购买粮食。

❸[粜(tiào)]卖粮食。

19. 货殖列传(节选)[1]

[汉]司马迁[2]

范蠡[3]既雪[4]会稽之耻,乃喟然[5]而叹曰:“计然之策七,越用其五而得意。既已施于国,吾欲用之家。”乃乘扁舟浮於江湖,变名易姓,适[6]齐为鸱夷子皮,之陶为朱公。朱公以为陶天下之中,诸侯四通,货物所交易也。乃治产积居[7]。与时逐而不责于人。故善治生者,能择人而任时。十九年之中三致千金,再分散与贫交[8]疏[9]昆弟[10]。此所谓富好行其德者也。后[11]年衰老而听子孙,子孙脩业[12]而息之,遂至巨万。故言富者皆称陶朱公。

白圭,周人也。当魏文侯时,李克务[13]尽地力,而白圭乐观时变,故人弃我取,人取我与。夫岁孰[14]取穀[15],予之丝漆;茧出取帛絮,予之食。太阴在卯,穰[16];明岁衰恶[17]。至午,旱;明岁美。至酉,穰;明岁衰恶。至子,大旱;明岁美,有水。至卯,积著[18]率岁倍。

❶ 选自《史记》,中华书局2019年版。《史记》是我国第一部纪传体通史,西汉司马迁著,约成书于西汉武帝征和年间。

❷ 司马迁(约前145或前135—?),字子长,夏阳(今陕西韩城南)人,西汉史学家、散文家。

❸ [范蠡(lǐ)]字少伯,春秋楚人。

❹ [雪]洗去,除去。

❺ [喟(kuì)然]叹气的样子。

❻ [适]到。

❼ [积居]聚积,囤积。

❽ [贫交]贫贱时交往的朋友。

❾ [疏]不亲密,关系远的。

❿ [昆弟]兄弟。

⓫ [後(hòu)]后面,位置在后。

⓬ [脩(xiū)业]修营功业,营治家业。

⓭ [务]从事,致力。

⓮ [孰(shú)]同“熟”,程度深。

⓯ [穀(gǔ)]同“谷”。

⓰ [穰(ráng)]庄稼丰熟。

⓱ [衰恶]衰落困恶。

⓲ [著(zhù)]同“贮”,居积。

欲长钱，取下谷；长石斗，取上种。能薄饮食，忍嗜欲，节衣服，与用事僮仆[1]同苦乐，趋时若猛兽挚[2]鸟之发。故曰：“吾治生产，犹伊尹、吕尚之谋，孙吴用兵，商鞅行法是也。是故其智不足与权变，勇不足以决断，仁不能以取予，彊不能有所守，虽欲学吾术，终不告之矣。”盖天下言治生祖白圭。白圭其有所试矣，能试有所长，非苟而已也。

思考与探究

1．重点字词

喟然　积居　贪交　脩业

2．陶朱公“十九年之中三致千金”的关键是什么？用原文的语句回答，并谈谈你的理解。

3．结合文本内容，用自己的话讲一讲：白圭是如何做到“乐观时变，故人弃我取，人取我与”的？

4．司马迁说：“君子富，好行其德；小人富，以适其力。”文中的范蠡和白圭属于哪种？请结合文本说明理由。

❶［僮仆］仆人。

❷［挚（zhì）］攫取。

20. 食货志(节选)[1]

[汉]班　固[2]

《洪范》八政[3],一曰食,二曰货。食谓农殖嘉谷[4]可食之物,货谓布帛可衣及金刀龟贝[5],所以分财布利通有无者也[6]。二者,生民之本,兴自神农之世。“斫木为耜,煣木为耒,耒耨之利以教天下”[7],而食足;“日中为市,致天下之民,聚天下之货,交易而退,各得其所”,而货通。食足货通,然后国实民富,而教化成。黄帝以下“通其变,使民不倦[8]”。尧命四子[9]以“敬授民时[10]”,舜命后稷[11]以“黎民祖饥[12]”,是为政首[13]。禹平洪水,定九州[14],制土田[15],各因所生远近,赋入贡棐[16],楙迁[17]有无,万国作乂[18]。殷周之盛,《诗》

---

❶ 选自《汉书》,中华书局2012年版。《食货志》是专门记载各个朝代有关田亩、生产情况和经济制度的古代专著,二十五史中《食货志》共有十三部,本文节选自《汉书·食货志》,是其中非常有代表性的一部。

❷ 班固(32—92),字孟坚,扶风安陵人,我国古代著名的历史学家,出身于世代显贵的家庭。父班彪是汉代著名的学者。班固继父志,著《汉书》,成就史学大业。

❸ [《洪范》八政]《尚书·洪范》记载箕子向周武王建议重视八政,即:食、货、祀、司空、司徒、司寇、宾、师等,主要是指重视粮食、布帛与货币、各项祭祀、工程、土地管理、赋役征敛、刑狱、礼仪、士子教育诸事。

❹ [农殖嘉谷]农殖,种庄稼。嘉谷,古以粟为嘉谷,后成为五谷的总称。

❺ [金刀龟贝]金,谓五色之金,即:金、银、铜、铅、铁五种金属。刀,钱币,一种铜币。龟,龟甲,古人用作占卜。贝,古代的货币。

❻ [所以分财布利通有无者也]由于有这些东西,老百姓赖以生财谋利,互通有无。

❼ [斫木为耜(sì),煣木为耒(lěi),耒耨(nòu)之利以教天下]相传神农氏砍削木头做耜(一种类似锹的农具),弯曲木头做耒(一种耕地用的农具),并以耕耘的好处教导天下百姓。

❽ [通其变,使民不倦]这时器币使用不便利,于是改变币制以利于通行,使百姓乐于他们的事业而不劳累。

❾ [四子]指尧之四子,名为羲仲、羲叔、和仲、和叔。

❿ [敬授民时]按农时进行生产活动。

⓫ [后稷]名弃,相传为舜时农官。

⓬ [黎民祖饥](解决)老百姓开始限于饥饿(的事情)。

⓭ [政首]施政的首要问题。

⓮ [九州]即冀、兖、青、徐、扬、荆、豫、梁、雍等地区。

⓯ [制土田]根据居住的远近情况,缴纳赋税和贡献土产。

⓰ [棐(fěi)]同“篚”,古代盛物的竹器。

⓱ [楙(mào)迁]贩运,买卖。楙,同“茂”。

⓲ [万国作乂(yì)]万国共享太平。乂,安定。

《书》所述，要在安民，富而教之。故《易》称“天地之大德曰生，圣人之大宝曰位；何以守位曰仁，何以聚人曰财。[1]”财者，帝王所以聚人守位，养成群生，奉顺天德，治国安民之本也。故曰：“不患寡而患不均，不患贫而患不安；盖均亡贫，和亡寡，安亡倾。[2]”是以圣王域民[3]，筑城郭以居之，制庐井[4]以均之，开市肆[5]以通之，设庠序[6]以教之；士农工商，四民有业。学以居位曰士，辟土殖谷[7]曰农，作巧成器曰工，通财鬻[8]货曰商。圣王量能授事，四民陈力受职[9]，故朝亡[10]废官，邑亡敖民[11]，地亡旷土。

理民之道，地著为本[12]。故必建步立晦[13]，正其经界[14]。六尺为步，步百为亩。亩百为夫，夫三为屋，屋三为井，井方一里，是为九夫。八家共之，各受私田百亩，公田十亩，是为八百八十亩，余二十亩以为庐舍[15]。出入相友，守望相助，疾病相救，民是以和睦，而教化齐同，力役[16]生产可得而平也。

---

❶［天地之大德曰生，圣人之大宝曰位；何以守位曰仁，何以聚人曰财］天地最大的恩惠就是使万物生长，君主最宝贵的东西就是政权；用什么来巩固政权？就用仁爱，用什么来团聚百姓？就用财物。

❷［不患寡而患不均，不患贫而患不安；盖均亡贫，和亡寡，安亡倾］一个国家，不担忧财物少，只担忧分配不均匀，不担忧贫穷，只担忧不能让百姓安居乐业；分配平均就能无所谓贫富，国家团结就不愁人少，百姓安定就没有倾覆的危险。引自《论语·季氏》。

❸［域民］统治百姓。

❹［庐井］庐舍。井，指井田。规划房屋井田以平均土地。

❺［市肆］市场。

❻［庠序］泛指古代的学校。

❼［辟土殖谷］开辟土地种植五谷。

❽［鬻(yù)］卖。

❾［陈力受职］尽力完成本职工作。

❿［亡］通“无”，没有。

⓫［敖民］无业游民。

⓬［地著为本］农民以土地为本。

⓭［建步立晦］制订步(长度单位)，建立田亩。晦，通“亩”。

⓮［经界］井田之界。

⓯［庐舍］居住的屋舍。

⓰［力役］人民向国家所服劳役。

凡货[1],金钱布帛之用,夏殷以前其详靡[2]记云。太公[3]为周立九府[4]圜法[5]:黄金方寸,而重一斤;钱圜函方[6],轻重以铢[7];布帛广二尺二寸为幅,长四丈为匹。故货宝于金,利于刀,流于泉,布于布[8],束于帛[9]。

太公退,又行之于齐。至管仲相桓公,通轻重之权[10],曰:"岁有凶穰[11],故谷有贵贱;令有缓急[12],故物有轻重。人君不理[13],则畜贾游于市[14],乘民之不给[15],百倍其本[16]矣。故万乘之国必有万金之贾,千乘之国必有千金之贾者,利有所并也[17]。计本量委则足矣[18],然而民有饥饿者,谷有所臧[19]也。民有余则轻之[20],故人君敛之以轻[21];民不足则重之[22],故人君散之以重[23]。凡轻重敛散之以时,则准平[24]。守准平,使万室之邑必有万钟之臧,

❶[货]货币。

❷[其详靡记]没有详细的记载。

❸[太公]指姜太公,姓姜,吕氏,名望,辅佐周武王灭商,封于齐。

❹[九府]《周官》有太府、王府、内府、外府、泉府、天府、职内、职金、职币,都是掌财币的机构,故云九府。

❺[圜法]货币制度。

❻[钱圜函方]钱是圆钱方孔。

❼[铢]古代重量单位,二十四铢为一两。

❽[布于布]比布更便于流通。

❾[束于帛]比帛更便于收藏。

❿[轻重之权]古代关于调节商品、货币流通和控制物价的理论。

⓫[岁有凶穰(ráng)]年景有丰有歉。岁,指年景。

⓬[令]指征税的法令。

⓭[理]治理。

⓮[畜贾游于市]畜贾,指囤积居奇的商人,"畜"同"蓄"。游于市,即活动于市场。

⓯[不给]供给不足。

⓰[百倍其本]赚取百倍的利润。

⓱[利有所并]利用资财,吞并财利。

⓲[计本量委则足]人们所需的粮食,估计生产和储存应该是足够的。本,指土地产量。委,指人们所食。

⓳[臧]同"藏",收存。

⓴[轻]物价低。

㉑[敛之以轻]低价收购。

㉒[重]物价高。

㉓[散之以重]高价抛售。

㉔[准平]调节供求与稳定物价。

臧繦[1]千万；千室之邑必有千钟之臧，臧繦百万。春以奉耕[2]，夏以奉耘，耒耜器械，种饷粮食[3]，必取澹焉。故大贾畜家不得豪夺吾民矣。"桓公遂用区区之齐合诸侯，显伯[4]名。

思考与探究

1. 重点字词

黎民祖饥　政首　庠序

2.《食货志》中班固对"食"与"货"这两个概念，做了明确的解释。阅读文章，请用自己的话解释一下这两个概念及其关系。

3. 作者在文种提出了"理民之道，地著为本"的思想。请结合生活实际，谈谈你对这句话的理解。

4. 文中说管仲以"轻重"之术辅佐齐桓公，使齐国以区区之地九合诸侯，成为霸主。请结合之前所学《管子·轻重戊》，说说管仲是如何做的。

---

❶［繦(qiǎng)］成串的铜钱，后引申为串钱绳。

❷［奉］供应。豪夺，强夺。以上引文，节录《管子·国蓄篇》。

❸［镶］同"穰(ráng)"。种穰，即种子。

❹［伯］同"霸"。

21. 王　成[1]

[清]蒲松龄[2]

王成,平原故家子[3],性最懒。生涯日落,惟剩破屋数间,与妻卧牛衣[4]中,交谪[5]不堪。时盛夏燠热[6],村外故有周氏园,墙宇[7]尽倾,惟存一亭;村人多寄宿其中,王亦在焉。既晓,睡者尽去;红日三竿,王始起,逡巡[8]欲归。见草际金钗一股,拾视之,镌有细字云:"仪宾[9]府造。"王祖为衡府仪宾,家中故物,多此款式,因把钗踌躇。欻[10]一妪[11]来寻钗。王虽故贫,然性介[12],遽[13]出授之。妪喜,极赞盛德,曰:"钗值几何,先夫之遗泽[14]也。"问:"夫君伊谁?"答云:"故仪宾王柬之也。"王惊曰:"吾祖也。何以相遇?"妪亦惊曰:"汝即王柬之之孙耶?我乃狐仙。百年前,与君祖缱绻[15]。君祖殁[16],老身遂隐。过

---

❶ 选自《聊斋志异》,中国华侨出版社2018年版。《聊斋志异》是中国清代小说家蒲松龄创作的短篇小说集,收录了民俗民习、奇谈异闻等小说近五百篇,作者借"志怪"来记录人间百态、抒写心中愤懑、表达人生理想,题材广泛,艺术成就极高。作为民间志怪小说作品,其中不可避免地具有鬼神狐妖之类迷信现象和宿命论、因果报应等消极心理和思想,在阅读时应树立正确的价值观,辩证看待。

❷ 蒲松龄(1640—1715),清代小说家,字留仙,一字剑臣,别号柳泉居士,世称聊斋先生,自称异史氏,淄川(今山东淄博)人。他出身于一个逐渐败落的地主家庭,自幼喜欢民间文学,广泛搜集精怪鬼魅的奇闻逸事,吸取其创作营养,又熔铸进自己的生活体验,从而创作出杰出的文言短篇小说集《聊斋志异》。

❸ [故家子]大家族的后代。

❹ [牛衣]给牛用于御寒遮雨的覆盖物,用麻草编制而成。

❺ [交谪(zhé)]互相责备、埋怨。

❻ [燠(yù)热]炎热,酷热。

❼ [墙宇]住宅,屋舍。

❽ [逡巡(qūnxún)]徘徊不前。

❾ [仪宾]明代对宗室亲王、郡王之婿的称谓。

❿ [欻(xū)]副词,忽然。

⓫ [妪(yù)]年老的女人。

⓬ [性介]性情耿直。

⓭ [遽(jù)]急速、快速。

⓮ [遗泽]对于去世的尊长遗物的敬称,指遗留给后世的德泽。

⓯ [缱绻(qiǎnquǎn)]情意缠绵不忍分离的样子。此处形容男女恩爱。

⓰ [殁(mò)]死亡。

此遗钗，适入子手，非天数耶！”王亦曾闻祖有狐妻，信其言，便邀临顾[1]。媪从之。王呼妻出见，负败絮[2]，菜色黯焉[3]。媪叹曰：“嘻！王柬之之孙，乃一贫至此哉！”又顾败灶无烟，曰：“家计若此，何以聊生[4]？”妻因细述贫状，呜咽饮泣。媪以钗授妇，使姑质钱市米[5]，三日外请复相见。王挽留之。媪曰：“汝一妻不能自存活；我在，仰屋而居[6]，复何裨益[7]？”遂径去。王为妻言其故，妻大怖。王诵其义，使姑事之[8]，妻诺。逾三日，果至。出数金，籴[9]粟麦各石。夜与妇共短榻。妇初惧之；然察其意殊拳拳[10]，遂不之疑。

翌日[11]，谓王曰：“孙勿惰，宜操小生业，坐食乌[12]可长也！”王告以无资。曰：“汝祖在时，金帛凭所取；我以世外人，无需是物，故未尝多取。积花粉之金[13]四十两，至今犹存。久贮亦无所用，可将去悉以市葛[14]，刻日[15]赴都，可得微息。”王从之，购五十余端[16]以归。媪命趣装[17]，计六七日可达燕都。嘱曰：“宜勤勿懒，宜急勿缓：迟之一日，悔之已晚！”王敬诺，囊[18]货就路。中途遇雨，衣履浸濡[19]。王生平未历风霜，委顿不堪，因暂休旅舍。

---

❶［临顾］敬辞，光临造访。

❷［败絮］形容棉袄破旧。

❸［菜色黯焉］形容因营养不良而面有饥色，容光暗淡。

❹［何以聊生］依靠什么来维持生计呢？聊，依赖，依靠。

❺［质钱市米］抵押换来钱再去买米。质，抵押。市，买。

❻［仰屋而居］困居家中，愁苦无计的样子。

❼［裨（bì）益］益处，帮助。

❽［使姑事之］让妻子像对待婆婆那样侍奉她（老媪）。

❾［籴（dí）］买进粮食。

❿［拳拳］同“惓惓”，真挚诚恳。

⓫［翌（yì）日］次日，明日。

⓬［乌］怎么。

⓭［花粉之金］旧时妇女以购置化妆品为名积蓄的零用钱。

⓮［市葛］买葛布。

⓯［刻日］限定日期。

⓰［端］量词，旧时以布帛长两丈（或云一丈八尺、六丈等）为一端。

⓱［趣装］速整行装。

⓲［囊］用口袋装。

⓳［濡（rú）］沾湿。

不意淙淙[1]彻暮,檐雨如绳。过宿,泞益甚。见往来行人,践淖[2]没胫[3],心畏苦之。待至停午[4],始渐燥,而阴云复合,雨又大作。信宿乃行。将近京,传闻葛价翔贵[5],心窃喜。入都,解装客店,主人深惜其晚,先是,南道初通,葛至绝少。贝勒[6]府购致甚急,价顿昂,较常可三倍。前一日方购足,后来者并皆失望。主人以故告王。王郁郁不得志。越日,葛至愈多,价益下。王以无利不肯售。迟十余日,计食耗烦多,倍益忧闷。主人劝令贱鬻[7],改而他图。从之。亏资十余两,悉脱去。早起,将作归计,启视囊中,则金亡矣。惊告主人。主人无所为计。或劝鸣官,责主人偿。王叹曰:"此我数也,于主人何尤?"主人闻而德之,赠金五两,慰之使归。自念无以见祖母,蹀踱[8]内外,进退维谷[9]。

适见斗鹑[10]者,一赌辄数千;每市一鹑,恒百钱不止。意忽动,计囊中资,仅足贩鹑,以商主人。主人亟怂恿[11]之,且约假寓饮食,不取其直。王喜,遂行。购鹑盈儋[12],复入都。主人喜,贺其速售。至夜,大雨彻曙。天明,衢水如河,淋零犹未休也。居以待晴。连绵数日,更无休止。起视笼中,鹑渐死。王大惧,不知计之所出。越日,死愈多;仅余数头,并一笼饲之;经宿往窥,则一鹑仅存。因告主人,不觉涕堕。主人亦为扼腕[13]。王自度金尽罔归,但欲觅死,主人劝慰之。共往视鹑,审谛之曰:"此似英物。诸鹑之死,未必非此之斗杀之也。君暇亦无所事,请把[14]之;如其良也,赌亦可以谋生。"王如其教。既驯,主人令持向街头,赌酒食。鹑健甚,辄赢。主人喜,以金授王,使复与子弟[15]决赌;

---

❶[淙淙(cóng)]流水声。

❷[淖(nào)]泥沼,指泥泞积水的道路。

❸[胫(jìng)]小腿。

❹[停午]指正午。

❺[翔贵]形容物价高涨,有如鸟盘旋上飞。

❻[贝勒]清代十三封爵之一,是授予皇族和蒙古外藩的封爵。

❼[鬻(yù)]卖。

❽[蹀踱(diéduó)]踱来踱去。

❾[进退维谷]进退两难,前后无路。

❿[鹑(chún)]鹌鹑。头小,尾短,羽有暗黄条纹,善搏斗。

⓫[怂恿(yǒng)]即"怂恿",从旁劝诱或鼓动。

⓬[儋]通"担"。

⓭[扼腕]用手握腕,以表示内心的惋惜、同情等。

⓮[把]握持。

⓯[子弟]后生,年轻人。

三战三胜。半年许，积二十金。心益慰，视鹑如命。先是，大亲王好鹑，每值上元[1]，辄放民间把鹑者入邸相角。主人谓王曰："今大富宜可立致；所不可知者，在子之命矣。"因告以故，导与俱往。嘱曰："脱败，则丧气出耳。倘有万分一，鹑斗胜，王必欲市之，君勿应；如固强之，惟予首是瞻[2]，待首肯[3]而后应之。"王曰："诺。"至邸，则鹑人肩摩[4]于墀下[5]。顷之，王出御殿。左右宣言："有愿斗者上。"即有一人把鹑，趋而进。王命放鹑，客亦放；略一腾踔[6]，客鹑已败。王大笑。俄顷[7]，登而败者数人。主人曰："可矣。"相将俱登。王相之，曰："睛有怒脉，此健羽[8]也，不可轻敌。"命取铁喙[9]者当之。一再腾跃，而王鹑铩羽[10]。更选其良，再易再败。王急命取宫中玉鹑。片时把出，素羽如鹭，神骏不凡。王成意馁[11]，跪而求罢，曰："大王之鹑，神物也，恐伤吾禽，丧吾业矣。"王笑曰："纵之。脱斗而死，当厚尔偿。"成乃纵之。玉鹑直奔之。而玉鹑方来，则伏如怒鸡以待之；玉鹑健啄，则起如翔鹤以击之；进退颉颃[12]，相持约一伏时。玉鹑渐懈，而其怒益烈，其斗益急。未几，雪毛摧落，垂翅而逃。观者千人，罔不叹羡。王乃索取而亲把之，自喙至爪，审周一过，问成曰："鹑可货否？"答云："小人无恒产，与相依为命，不愿售也。"王曰："赐尔重值，中人之产可致。颇愿之乎？"成俯思良久，曰："本不乐置；顾大王既爱好之，苟使小人得衣食业，又何求？"王请直[13]，答以千金。王笑曰："痴男子！此何珍宝，而千金直也？"成曰："大王不以为宝，臣以为连城之璧[14]不过也。"王曰："如何？"曰："小人把向市，日得数金，易升斗粟，一家十余食指[15]，无冻馁忧，是何宝如之？"王言："予不

[1] [上元]上元节。俗以农历正月十五日为上元节，也叫元宵节。

[2] [惟予首是瞻]看我脸上表情动作行事。

[3] [首肯]点头同意。

[4] [肩摩]肩膀相摩，形容人多拥挤。

[5] [墀(chí)下]台阶上的空地。

[6] [腾踔(chuō)]跳跃凌空，奋力搏击。

[7] [俄顷]片刻，一会儿。

[8] [健羽]凶猛善斗的鸟。

[9] [喙(huì)]鸟嘴。

[10] [铩(shā)羽]鸟的羽毛残落，不能高飞。后也用于比喻人失败或失志不得意。

[11] [馁(něi)]气馁，泄气。

[12] [颉颃(xiéháng)]上下飞翔，这里指腾跃搏斗。

[13] [直]价值，价格。

[14] [连城之璧]价值连城的美玉，比喻极珍贵的东西。

[15] [食指]需要供养的人口。

相亏,便与二百金。"成摇首。又增百数。成目视主人,主人色不动。乃曰:"承大王命,请减百价。"王曰:"休矣!谁肯以九百易一鹑者!"成囊鹑欲行。王呼曰:"鹑人来,鹑人来!实给六百,肯则售,否则已耳。"成又目主人,主人仍自若。成心愿盈溢,惟恐失时,曰:"以此数售,心实怏怏;但交而不成,则获戾❶滋大。无已,即如王命。"王喜,即秤付之。成囊金,拜赐而出。主人怼❷曰:"我言如何,子乃急自鬻也?再少靳❸之,八百金在掌中矣。"成归,掷金案上,请主人自取之,主人不受。又固让之,乃盘计饭直而受之。

王治装归,至家,历述所为,出金相庆。妪命治良田三百亩,起屋作器,居然世家。妪早起,使成督耕,妇督织;稍惰,辄诃❹之。夫妇相安,不敢有怨词。过三年,家益富。妪辞欲去。夫妻共挽之,至泣下。妪亦遂止。旭旦❺候❻之,已杳❼矣。

异史氏曰:"富皆得于勤,此独得于惰,亦创闻❽也。不知一贫彻骨,而至性❾不移,此天所以始弃之而终怜之也。懒中岂果有富贵乎哉!"

思考与探究

1. 重点字词

利有所并　交谪　裨益　籴　淙淙　俄顷　铩羽

2. 文中说王成"性最懒",请结合文章,举例说明王成的"懒"体现在哪些方面。

3. 本文主人公的经历曲折又传奇,请概括让王成改变命运的几件事,并思考:从王成的"致富"经历中,你得到哪些启示?

❶[获戾]得罪。戾,罪过。

❷[怼(duì)]怨恨。

❸[靳(jìn)]惜售,指坚持要价不让步。

❹[诃(hē)]生气责怪。

❺[旭旦]早上太阳刚出来的时候。

❻[候]问候,请安。

❼[杳(yǎo)]比喻人或物全无踪影。

❽[创闻]罕见。

❾[至性]诚挚纯厚的性情。

综合学习活动

书写自己的职业生涯规划

作为职业院校学子，对自己将来的职业生涯进行思考和规划是非常重要的。你是否考虑过自己将来从事的职业？请从自我分析、择业选项、决策理由等方面进行思考，完成一篇职业生涯规划报告，并填写活动评价表。

[活动要求]

1. 以个人为单位，认真思考后进行撰写。

2. 写作完成后，在班级内分享，并将报告电子版和活动评价表一同提交。

[写作提纲]

表4-1 “书写自己的职业生涯规划”活动评价表

填表人：

项目	要求	自我评价	教师评价	综合评价
自我认识	能够准确分析自己的性格特征	○○○○○	○○○○○	○○○○○
	能够总结自己的优势与不足	○○○○○	○○○○○	○○○○○
结果分析	能够结合对职业、环境和自身条件的分析，合理选择职业	○○○○○	○○○○○	○○○○○
	能够总结目标职业所需的知识和技能	○○○○○	○○○○○	○○○○○
	制定了切实可行的职业发展方针	○○○○○	○○○○○	○○○○○
创新及特色	格式准确，版面美观	○○○○○	○○○○○	○○○○○
	思路清晰，逻辑准确	○○○○○	○○○○○	○○○○○
总评				
活动心得				

“身边的创业者”访谈

学会创新是职业院校学子的“必修课”。请采访身边的“创业者”，倾听他的创业动机、创业过程，记录他的创业成果，也许是一家工作室、一家店铺、一个公司……每位创业者身上，都有着独一无二的故事和顽强拼搏的风采。

［活动要求］

1. 以小组为单位，采访身边的创业者。
2. 记录访谈内容并整理为访谈报告。
3. 将访谈报告与活动评价表一同上交。

［访谈预设问题］

表4-2 “身边的创业者”访谈活动评价表

填表人：

项目	要求	自我评价	教师评价	综合评价
访谈主题	紧扣创业主题,不偏题离题	○○○○○	○○○○○	○○○○○
访谈问题	访谈问题设置全面、合理,层层递进	○○○○○	○○○○○	○○○○○
访谈过程	访谈过程中交流愉快,节奏有序	○○○○○	○○○○○	○○○○○
访谈环境	访谈环境优美,光线明亮,布置得当	○○○○○	○○○○○	○○○○○
访谈报告	访谈报告思路清晰,逻辑合理	○○○○○	○○○○○	○○○○○
总评				
访谈心得				

古代诗歌诵读

无　衣[1]

岂曰无衣？与子同袍[2]。
王于兴师[3],修我戈矛。与子同仇!
岂曰无衣？与子同泽[4]。
王于兴师,修我矛戟。与子偕作[5]!
岂曰无衣？与子同裳。
王于兴师,修我甲兵[6]。与子偕行!

---

❶ 选自《诗经》,中华书局2016年版,王秀梅译注。这是一首秦地的军中战歌,大概写的是奉周王之命抗击犬戎的事,全诗充满了慷慨激昂、豪迈乐观及热情互助的精神,表现出舍生忘死、英勇抗敌、保卫家园的勇气。

❷ [袍]长衣,即斗篷。

❸ [王于兴师]国君要起兵。王,指周天子,秦国出兵以周天子之命为号召,一说指秦君。于,语助词。兴师,起兵。

❹ [泽]同"襗",贴身穿的衣服。

❺ [作]起。

❻ [甲兵]铠甲与兵器。

桃 夭[1]

桃之夭夭[2]，灼灼[3]其华。

之子于归[4]，宜其室家[5]。

桃之夭夭，有蕡[6]其实。

之子于归，宜其家室。

桃之夭夭，其叶蓁蓁[7]。

之子于归，宜其家人。

---

❶ 选自《诗经》，中华书局2016年版，王秀梅译注。这是一首贺新娘的诗，全诗以桃树的枝、花、果作为比兴事物，衬托出新嫁娘的年轻美丽以及成婚的欢乐气氛。

❷ [夭夭]茂盛，生机勃勃的样子。

❸ [灼灼]花朵明亮鲜艳的样子。

❹ [之子于归]这位女子就要出嫁。之子，这女子。于，往。归，出嫁。

❺ [宜其室家]夫家和顺。宜，和顺。室家，家庭，指夫家，下文“家室”“家人”均指夫家。

❻ [蕡(fén)]果实硕大的样子。

❼ [蓁蓁(zhēn)]草木繁盛的样子。

长相思(其一)❶

[唐]李 白

长相思,在长安。
络纬❷秋啼金井栏❸,
微霜凄凄簟❹色寒。
孤灯不明思欲绝,
卷帷❺望月空长叹。
美人如花隔云端❻,
上有青冥❼之高天,
下有渌水❽之波澜。
天长路远魂飞苦,
梦魂不到关山难❾。
长相思,摧心肝。

❶ 选自《李白诗选》,中华书局2018年版,葛景春译注。长相思,乐府旧题,李白此为拟作,作于辞京还山之后。

❷ [络纬]昆虫名,又名莎鸡,俗称纺织娘。

❸ [金井栏]精美的井栏。栏,一作"阑"。

❹ [簟(diàn)]竹席。

❺ [帷]窗帘。

❻ [美人如花隔云端]语出古诗《兰若生春阳》:"美人在云端,天路隔无期。"美人,古代常指贤人、君子。

❼ [青冥]高远的青天。

❽ [渌(lù)水]清澈透明之水。

❾ [关山难]关山阻隔,梦魂难渡越关山。

锦　瑟[1]

[唐]李商隐[2]

锦瑟无端五十弦[3]，
一弦一柱思华年。
庄生晓梦迷蝴蝶[4]，
望帝春心托杜鹃[5]。
沧海月明珠有泪[6]，
蓝田[7]日暖玉生烟。
此情可待成追忆？
只是当时已惘然[8]。

❶选自《李商隐诗》，人民文学出版社2012年版。

❷李商隐（约813—约858），字义山，号玉溪生，怀州河内（今河南沁阳）人。

❸［锦瑟无端五十弦］装饰华美的瑟啊，你为什么无缘无故地有着五十条弦线？瑟，古代的一种弦乐器。无端，无缘无故，没来由的。瑟通常二十五弦，诗人此时年近五十，故抚弦联想起自己无端虚度的岁月。

❹［庄生晓梦迷蝴蝶］见《庄子·齐物论》："庄周梦为蝴蝶，栩栩然蝴蝶也；自喻适志与，不知周也。俄然觉，则蘧蘧然周也。不知周之梦为蝴蝶与？蝴蝶之梦为周与？周与蝴蝶，则必有分矣。此之谓物化。"晓梦，清晨时的梦。

❺［望帝春心托杜鹃］见《华阳国志·蜀志》："杜宇称帝，号曰望帝。……其相开明，决玉垒山以除水害，帝遂委以政事，法尧舜禅授之义，遂禅位于开明。帝升西山隐焉。时适二月，子鹃鸟鸣，故蜀人悲子鹃鸟鸣也。"子鹃即杜鹃，又名子规。

❻［珠有泪］见《博物志》："南海外有鲛人，水居如鱼，不废绩织，其眼泣则能出珠。"

❼［蓝田］山名，在今陕西蓝田县，产美玉。

❽［惘然］失意的样子。

声声慢[1]

[宋]李清照[2]

寻寻觅觅，冷冷清清，凄凄惨惨戚戚。
乍暖还寒[3]时候，最难将息[4]。
三杯两盏淡酒，怎敌[5]他、晚来风急！
雁过也，正伤心，却是旧时相识。
满地黄花堆积，
憔悴损，如今有谁堪摘？
守着窗儿，独自怎生得黑[6]！
梧桐更兼细雨，
到黄昏、点点滴滴。
这次第[7]，怎一个愁字了得！

---

❶ 选自《李清照诗词集》，上海古籍出版社2016年版。

❷ 李清照(1084—1156)，号易安居士，齐州章丘(今山东济南)人。

❸ [乍暖还(huán)寒]指秋天的天气忽暖忽冷，变化无常。

❹ [将息]唐宋时民间方言，指休养调理身体。

❺ [敌]抵挡，对付。

❻ [独自怎生得黑]孤零零地怎么能够挨得到夜晚。怎生，怎样，如何。

❼ [这次第]这情形、这光景。

雨霖铃[1]

[宋]柳　永[2]

寒蝉凄切，对长亭[3]晚，骤雨初歇。
都门[4]帐饮[5]无绪，留恋处，兰舟催发。
执手相看泪眼，竟无语凝噎[6]。
念去去，千里烟波，
暮霭[7]沉沉楚天[8]阔。
多情自古伤离别，
更那堪，冷落清秋节！
今宵酒醒何处？杨柳岸，晓风残月。
此去经年[9]，应是良辰好景虚设[10]。
便纵有千种风情[11]，更与何人说？

---

❶ 选自《柳永词集》，上海古籍出版社2017年版。

❷ 柳永（约987—约1053），北宋著名词人，崇安（今福建武夷山）人，原名三变，字景庄，后改名永，字耆卿，排行第七，又称柳七。

❸［长亭］古时在要道旁每隔五里置短亭，十里置长亭，供行人休息及饯别。

❹［都门］京都城门。

❺［帐饮］古人送别，设帐于郊外或路旁亭内，设宴饯行。

❻［凝噎］喉咙哽塞，欲语不出的样子。

❼［暮霭］傍晚的云雾。

❽［楚天］江南的天空。战国时江南一带为楚地，泛指江南。

❾［经年］年复一年。

❿［虚设］徒然设置。

⓫［风情］风月之情，指男女相爱之情。

游园·皂罗袍[1]

[明]汤显祖[2]

原来姹紫嫣红[3]开遍,
似这般都付与断井颓垣。
良辰美景奈何天[4],
赏心乐事[5]谁家院!
朝飞暮卷[6],云霞翠轩[7];
雨丝风片,烟波画船——
锦屏人忒看的这韶光贱[8]!

---

❶ 选自《牡丹亭》上卷《惊梦》,上海古籍出版社2016年版,题目为编者所加。

❷ 汤显祖(1550—1616),字义仍,号若士,临川(今江西抚州)人,明代戏曲作家。代表作有传奇《牡丹亭》(又名《还魂记》)、《邯郸记》《南柯记》《紫钗记》,合称"玉茗堂四梦",以《牡丹亭》最为著名。

❸ [姹(chà)紫嫣红]形容花开得娇艳鲜美。

❹ [奈何天]令人无可奈何的时光。

❺ [赏心乐事]语出晋宋时期谢灵运《拟魏太子邺中集诗序》:"天下良辰、美景、赏心、乐事,四者难并"。

❻ [朝飞暮卷]语出唐代王勃《滕王阁诗》:"画栋朝飞南浦云,珠帘暮卷西山雨",形容楼阁巍峨,景色开阔。

❼ [翠轩]华美的亭台楼阁。

❽ [锦屏人忒看的这韶光贱]我这深闺女子也太辜负这美好春光了。锦屏人,被阻隔在深闺中的人。忒,过于。看的……贱,把……看轻。

蟾宫曲·叹世[1]

[元]马致远[2]

咸阳[3]百二山河[4]，两字功名，几阵干戈。
项废东吴[5]，刘兴西蜀[6]，梦说南柯[7]。
韩信[8]功兀的般证果，
蒯通言那里是风魔[9]？
成也萧何[10]，败也萧何，醉了由他[11]。

---

❶ 选自《元曲三百首》，中华书局2009年版，解玉峰注。

❷ 马致远（1250—1324），号东篱，大都（今北京）人。

❸［咸阳］秦国都城，在今陕西咸阳东北。

❹［百二山河］形容地势险要，两万兵马可以抵挡诸侯的百万大军。《史记·高祖本纪》云："秦，形胜之国，带河山之险，县隔千里，持戟百万，秦得百二焉。"

❺［项废东吴］指项羽兵败乌江，被困垓下，自刎身亡之事。乌江在今安徽和县东北，古属东吴地。

❻［刘兴西蜀］指刘邦被封为汉王，利用汉中（今陕西南部）及蜀中的人力、物力战胜项羽之事。

❼［梦说南柯］唐李公佐传奇《南柯太守传》中，淳于棼梦入大槐安国，被招为驸马，封南柯太守，备极荣宠，醒来才知道是梦。

❽［韩信功兀的般证果］为刘邦攻打天下的韩信竟然是这般报应。韩信，汉初大将，在帮助刘邦建立汉政权的过程中立下了汗马功劳，但却被吕后杀害。兀的，口语，即"这"，也作"兀底""兀得"。证果，果报，指结局。

❾［蒯（kuǎi）通言那里是风魔］蒯通，本名彻，汉初谋士，史家因避汉武帝刘彻名讳而称蒯通。曾劝韩信背汉，"三分天下，鼎足而居"，韩信不听，他怕受牵连，乃佯狂为巫，假装疯魔。见《史记·淮阴侯列传》。

❿［萧何］汉初大臣。韩信微贱时，萧何曾经向刘邦推荐韩信为大将，说韩信是"国士无双"，汉政权建立以后，又觉得韩信功业显赫，军权太重，他又向吕后献计除掉韩信。

⓫［醉了由他］大醉不醒，哪管他成败是非。

后　记

本系列语文读本由北京财贸职业学院贯通语文教研室教师组织编写，同时邀请中央民族大学附属中学、北京大学附属中学部分语文教师参与编写。本册由李彦湄主编，“任务群一”和“任务群二”主要由左人吉、李超、李岩编写，“任务群三”和“任务群四”主要由王丛珊、岳宗硕、任潇潇编写，李晓芳、张慧、李古月、韩冰凌、高嘉敏参与了课后练习编写和审稿。

本系列读本的编写是北京财贸职业学院贯通语文教研室教学团队教学改革的新尝试，编写过程中难免有不足之处，希望得到各位的宝贵使用意见，以便我们进一步修改完善。我们的联系方式如下：

电话：010-65915489　010-65914620

邮箱：liyanmeicy@163.com

编　者

2022年3月